AF498612

Edith Stein

Eine Untersuchung über den Staat

e-artnow 2018

Edith Stein
Der Aufbau der menschlichen Person: Die Idee des Menschen als Grundlage der Erziehungswissenschaft und Erziehungsarbeit, Anthropologie ... Animalische, Seele als Form und Geist...

Blaise Pascal
Gedanken über die Religion

Edith Stein
Kreuzeswissenschaft - Studie über Johannes vom Kreuz

Fritz Mauthner
Wörterbuch der Philosophie: Wörter, mit deren Hilfe wir eine Erkenntnis der Wirklichkeit fassen

Edith Stein
Welt und Person - Beitrag zum christlichen Wahrheitsstreben

Edith Stein

Eine Untersuchung über den Staat

Die ontische Struktur des Staates & Der Staat unter Wertgesichtspunkten

e-artnow, 2018
Kontakt: info@e-artnow.org

ISBN 978-80-268-8632-7

Inhaltsverzeichnis

I. Die ontische Struktur des Staates

§ 1. Die staatliche Gemeinschaft

Die Staatstheorien verschiedenster Richtung nehmen ihren Ausgang davon, daß der Staat eine Form der Sozietät ist. In der Tat wird es sich als ein undurchstreichbares Moment in seiner Struktur erweisen, daß Subjekte in ihm leben und in seinem Aufbau ganz bestimmte Funktionen haben. Darum ist es ein möglicher Zugangsweg, wenn man diese Struktur durchschauen will, zunächst die prinzipiell möglichen Formen des Zusammenlebens der Subjekte im Staat zu untersuchen. Ob damit eine erschöpfende Charakteristik dessen, was Staat als solcher ist, erreicht werden kann, bleibt abzuwarten. Es darf keinesfalls vorausgesetzt werden.

a) Der Staat als soziales Gebilde; sein Verhältnis zu Masse, Gemeinschaft und Gesellschaft

Die möglichen Typen des Zusammenlebens von Subjekten herauszuarbeiten, haben wir an anderer Stelle versucht, und wir können an die gewonnenen Ergebnisse hier anknüpfen. – Den niedersten sozialen Typus bezeichneten wir als *Masse*, und wir fanden es für dieselbe charakteristisch, daß die ihr zugehörigen Individuen sich wechselseitig beeinflussen, ohne von dem Einfluß, den sie ausüben oder leiden, etwas zu wissen und ohne ihr Verhalten, das vermöge der wechselseitigen Beeinflussung ein *gleichartiges* sein mag, als *gemeinsames* zu erleben. Die Masse besteht immer nur, solange die sie konstituierenden Individuen in aktueller Berührung sind, und zerfällt, sobald diese Berührung aufhört. Es gibt hier keine das Zusammensein überdauernde Organisation und überhaupt keine von den Individuen abgelöste, objektiv gewordene Form des Zusammenseins. Solche objektiven Formen – Staatseinrichtungen in einem weitesten Sinne – finden wir überall, wo wir von Staaten sprechen, und sofern sie durch die Struktur des Staates, wo nicht als notwendig, so doch mindestens als prinzipiell möglich vorgezeichnet sind, kann die Masse nicht die typische Form des Zusammenlebens im Staat sein. Das schließt natürlich nicht aus, daß sich die Individuen innerhalb eines Staates vielfach in Massen zusammenfinden und daß das für seine faktische Gestaltung von ausschlaggebender Bedeutung werden kann. Der Struktur des Staates als solchen kann man von dieser Seite in keiner Weise näher kommen. – Noch unter einem anderen Aspekt läßt sich das plausibel machen: Man pflegt den Staat gern als Person zu bezeichnen, und das scheint darauf hinzuweisen, daß wir seinen Ort im Reiche des Geistes zu suchen haben – im Aufbau der Massen dagegen haben wir keine geistigen Funktionen entdecken können. Im Gegensatz dazu fanden wir die *Gemeinschaft* spezifisch im Geistigen begründet und auch sonst durch das ausgezeichnet, was der Masse fehlt: die Individuen leben in ihr gemeinsam »miteinander« in einem strengen Sinn; keines geht – wie die in der Masse lebenden Individuen – in seinem eigenen Erleben auf, sondern hat die anderen als Gefährten seines Lebens mitgegeben und fühlt sich als Glied der Gemeinschaft, die ihrerseits Subjekt eines Eigenlebens ist. Im Gemeinschaftsleben bilden sich feste Formen aus, deren Ausfüllung von verschiedenen Individuen nacheinander übernommen werden kann. Wir haben also hier eine von den Individuen selbst unterschiedene »Organisation« und scheinen der Staatlichkeit damit näher gekommen zu sein. Ehe wir jedoch an die Frage herangehen, ob wir im Staat einen Spezialfall von Gemeinschaftsorganisation vor uns haben und was ihn von Formen anderer gemeinschaftlicher Organisation unterscheidet, wollen wir zu Vergleichszwecken den dritten Haupttypus der Sozialität heranziehen: die *Gesellschaft*. Die Besonderheit der Gesellschaft sehen wir darin, daß in ihr – im Gegensatz zur Gemeinschaft – die Individuen wohl füreinander Objekt, aber eben *Objekte* und nicht wie in der Gemeinschaft mitlebende Subjekte sind. Das ist allerdings cum grano salis zu verstehen, sofern es sich nicht um Objekte schlechthin, sondern um objektivierte Subjekte handelt und diese Objektivierung das schlichte als Subjekt-Nehmen, wie es der Gemeinschaftseinstellung eigentümlich ist, voraussetzt. So läßt sich die Gesellschaft als rationale Umformung der Gemeinschaft auffassen. Was sich im naiven Zusammenleben »von selbst« ergibt, das wird im gesellschaftlichen Leben durch klar bewußte Willkürakte ins Dasein gerufen. Die Gemeinschaft erwächst, die Gesellschaft wird gegründet. Gemeinschaftsformen bilden sich heraus, Gesellschaftsformen werden geschaffen. –

Es ist nun die Frage, welcher Form der Sozialität wir die staatliche Organisation zuzuweisen haben. Es will mir scheinen, daß es sich nicht um ein Entweder-Oder handelt. Freilich wer – wie die herrschende europäische Staatslehre – der *Vertragsauffassung* huldigt, d. h. den Staat als auf einen Vertrag der ihm angehörigen Individuen gegründet ansieht, der hat unsere Frage zugunsten der Gesellschaft entschieden; denn er nimmt eine rein rationale Entstehung, eine Schöpfung kraft eines Willküraktes an. Aber diese Theorie geht über klare Phänomene der Staatenbildung und des Staatslebens hinweg, die sich ihrem Schema keineswegs fügen. Wenn ein Erobererstamm mit einem unterworfenen Volk in einem Staatswesen verschmilzt (wie in allen germanisch-romanischen Staaten), so kann oder braucht doch von einem Vertrag zwischen den heterogenen Elementen, die sich dem neuen Staatswesen einordnen, keine Rede zu sein. Die Sieger übernehmen kraft ihrer Überlegenheit, die als ein reines Gemeinschaftsverhältnis denkbar ist, ohne jeden formellen Akt der Unterwerfung seitens der Besiegten und ohne formelle Besitzergreifung, wie sie für eine gesellschaftliche Gründung erforderlich wäre, die führende Rolle und alle Rechte und Funktionen, die ihnen belieben. Andere überlassen sie den Unterjochten, wiederum ganz naiv, ohne sich die Abgrenzung zur rationalen Klarheit zu bringen und in Willkürakten als Recht zu setzen. Auf dieselbe »naive« Art können bestehende Rechtsformen und staatliche Einrichtungen auf dem Wege des Eingewöhnens übernommen und zu Bestandteilen des erwachsenden Staatsgebildes werden. – Auf der anderen Seite besteht die Möglichkeit des Eingreifens rationaler Erwägungen und willkürlicher Vereinbarungen bzw. einseitiger Festsetzungen. Doch scheint es, daß solche Willkürakte für die Begründung und Fortentwicklung von Staaten nur dann Bedeutung haben, wenn sie bestehenden Gemeinschaftsverhältnissen Rechnung tragen und sie gleichsam nur sanktionieren. Das bedarf freilich noch näherer Erwägung. Zunächst halten wir fest: Staaten können sowohl auf gemeinschaftlicher wie auf gesellschaftlicher Grundlage ruhen. Die nähere Untersuchung dürfte zeigen, daß es sich um gesellschaftliche Organisation immer erst auf einer höheren Stufe staatlicher Entwicklung handelt (d. h. das Gegenteil dessen, was die Vertragstheorie – als Ursprungshypothese verstanden – lehrt).

Noch eine Möglichkeit ist zu erwägen: ob nicht die Individuen im Staat leben können, ohne miteinander in Verbindung zu treten. Diese Möglichkeit kommt jedoch erst in Betracht, wenn man mit der Auffassung bricht, die im Staat eine Form des Zusammenlebens sieht, und ihn als etwas Darüber-Hinaus-Liegendes zu Gesicht bekommen hat. Wir verschieben die Erörterung hierüber darum, bis sich für uns dieser Durchbruch als notwendig erwiesen hat.

Vorläufig halten wir uns an die durch die empirische Anschauung illustrierte Möglichkeit, daß sich Staaten auf der Grundlage eines Gemeinschaftslebens erheben können, und fragen nach der Eigentümlichkeit der staatlichen Gemeinschaft – d. h. der Gemeinschaft der im Staat lebenden Individuen – gegenüber anderen Gemeinschaften.

b) Das Verhältnis zu über-, neben- und untergeordneten sozialen Gebilden. Souveränität

Gemeinschaften differenzieren sich einmal nach der Zahl der Individuen, die sie umfassen, sodann nach der Art, wie sie in den sie fundierenden Individuen verankert sind; schließlich nach dem Verhältnis, in dem sie zu anderen – ihnen gleich-, neben- oder untergeordneten – Gemeinschaften stehen. Fangen wir mit dem letzten Punkt an. Es gibt niederste Gemeinschaften in dem Sinne, daß sie keine andern mehr in sich befassen und auf keinen anderen aufgebaut sind: das sind Familie im engsten Sinne des Wortes und Freundschaftsverhältnis. Sie können von größeren Gemeinschaften (Sippe, Volk, Religionsgemeinschaft u. dgl.) umfaßt, evtl. auch durchschnitten werden. Es ist dann möglich, daß die besondere Ausgestaltung der jeweils engeren Gemeinschaften weitgehend von der Struktur der umfassenden beeinflußt wird. Doch bleibt unbeschadet dieses Einflusses ihr Charakter als Familie, als Freundschaftsbund unangetastet. Es ist für diesen Charakter prinzipiell gleichgültig, ob eine Einordnung in umfassende Gemeinschaften stattfindet oder nicht. – Als Gegenpol dieser engsten Gemeinschaften ist die eine allumfassende Gemeinschaft aller geistigen Individuen anzusehen. Ihr sind alle anderen Gemeinschaften eingeordnet, während sie keine mehr über sich hat. Ihre jeweilige Ausgestaltung ist von der Art und Zahl und der mannigfaltigen Wechselbeziehung der ihr eingeordneten Gemeinschaften abhängig. Insofern als das Bewußtsein der Zugehörigkeit zu dieser allumfassenden Gemeinschaft je nach dem Geist der engeren Gemeinschaften und der Beschaffenheit der ihnen angehörigen Individuen ein mehr oder weniger ausgebildetes und die Stellungnahme zu ihr verschieden sein kann. Aber ungeachtet dieser Schwankungen *besteht* jene oberste Gemeinschaft, gleichgültig, welche anderen ihr eingeordnet sind: sie besteht *in* jeder engeren Gemeinschaft als ihre Grundlage und besteht über alle engeren hinaus als ihre potenzielle Erweiterung, die jederzeit aktuell werden kann. – Auf der Linie zwischen diesen beiden Polen liegt die staatliche Gemeinschaft. Sie umfaßt andere und wird ihrerseits von anderen umfaßt. Während aber die bisher besprochenen Gemeinschaften durch den Einfluß der ihnen unter- oder übergeordneten Gemeinschaften in ihrem spezifischen Charakter nicht berührt wurden, gibt es hier eine Grenze für die Bedingtheit durch andere Gemeinschaften, die nicht überschritten werden darf, wenn der Charakter der Staatlichkeit nicht aufgehoben werden soll. Aristoteles will von der Staatlichkeit dort sprechen, wo »eine Anzahl von Personen sich zu einer Lebensgemeinschaft zusammengeschlossen hat, um ein sich selbst genügendes Ganzes zu bilden...« Was uns an dieser Stelle in unserem Zusammenhang interessiert, ist die Bestimmung der Selbstgenügsamkeit (»Autarkie«). Sie weist nach derselben Richtung, in der wir das Spezifikum der staatlichen Gemeinschaft suchten. Sie läßt sich nicht rein intern, durch das Verhältnis der ihr zugehörigen Individuen zueinander und zu dem sie umfassenden Ganzen bestimmen, sondern es ist ihr eigentümlich, daß sie nach außen abgegrenzt und sichergestellt sein muß, um in sich bestimmt zu sein. Das, was Aristoteles mit seiner Autarkie meint, können wir wohl am besten interpretieren mit dem modernen Begriff der *Souveränität* – wenn auch beide, wie sich noch herausstellen wird, nicht gleichzusetzen sind. Der

Staat *muß sein eigener Herr* sein; die Formen des staatlichen Lebens dürfen ihm durch keine außer ihm stehende Macht – sei es eine Einzelperson, sei es eine über-, neben- oder untergeordnete Gemeinschaft – vorgeschrieben werden. Wenn von zwei Staaten – also ursprünglich nebeneinander geordneten Gemeinschaftsgebilden – der eine in die Lage kommt, in die Organisation des anderen einzugreifen und ihm Gesetze vorzuschreiben (sei es kraft militärischer oder wirtschaftlicher Überlegenheit oder wie immer), so ist die Souveränität des zweiten und damit seine Existenz als Staat aufgehoben; er ist dem anderen als Annex angegliedert, evtl. mit ihm zu einem neuen Staatsganzen verschmolzen. – Nehmen wir an, die allumfassende Gemeinschaft der Geister wäre derart organisiert, daß sie den ihr eingeordneten Gemeinschaften keine Gesetzlichkeit aus eigener Machtvollkommenheit mehr gestattete, so wäre damit die Möglichkeit einer Staatenbildung, bzw. es wären alle Einzelstaaten zugunsten eines Universalstaates aufgehoben. – Denken wir uns schließlich, daß dem Staate eingeordnete Gemeinschaften – Familienverbände,

Parteien, Berufsgenossenschaften u. dgl. – die Möglichkeit hätten, die staatliche Organisation von sich aus zu durchbrechen und nach ihrer Eigengesetzlichkeit umzumodeln, so wäre der Staat von innen aufgelöst, durch *Anarchie* ersetzt. Diese letzteren Verhältnisse geben uns noch weitere Aufschlüsse über die Souveränität und ihre konstitutive Bedeutung für den Staat als unsere anfänglichen Bestimmungen. Es gehört zum Staat unaufhebbar, daß seine Aktionen und seine Gesetze ihm selbst und keiner unter, neben oder über ihm stehenden Gemeinschaft entspringen; daß prinzipiell alles in seinem Bereich geltende Recht auf ihn zurückzuführen ist (in welchem Sinne das gilt, wird sogleich näher zu erörtern sein), und alle Akte des Ganzen müssen in ihm selbst ihren letzten Auslaufspunkt haben. Und es gehört ferner dazu, daß es in ihm eine *das Staatsganze repräsentierende Macht* gibt, die der Urheber seiner Organisation und aller ihrer Umbildungen ist und für die Beobachtung der staatlichen Formen durch alle zu diesem Staat in irgendwelcher Beziehung stehenden Individuen Sorge trägt. Wenn man gesagt hat, daß das Wesen des Staates *Macht* sei, so sehen wir jetzt, welchen guten Sinn dieser viel mißbrauchte Satz hat. Er ist richtig, wofern man unter Macht die Fähigkeit versteht, die Eigengesetzlichkeit des Staates aufrechtzuerhalten. Welche Form diese postulierte Macht, die das Staatsganze repräsentieren soll, annimmt – ob eine Einzelperson ihr Träger ist, oder das ganze Volk oder eine Volksvertretung und ob die verschiedenen ihr zugehörigen Funktionen (»Legislative«, »Exekutive«) in einer Hand vereint oder getrennt sind – das ist für die Unverletztheit des Staates als solchen gleichgültig. Wenn man einer bestimmten Staatsform den Vorzug gegeben hat, so geschah es nicht auf Grund einer klaren Erkenntnis dessen, was der Staat seiner ontischen Struktur nach ist, sondern vom Standpunkt eines Staatsideals aus. Ein solches Staatsideal läßt sich aber seinerseits nicht frei konstruieren, sondern Sinn und Möglichkeit desselben sind nur auf Grund der Erkenntnis dessen, was ein Staat überhaupt ist, abzusehen.

Wir müssen nun untersuchen, in welchem Sinne der Staat bzw. die ihn repräsentierende Staatsgewalt letzter Urheber aller seiner Aktionen sowie alles in ihm geltenden Rechtes sein muß. Was das erstere anbelangt, so bedeutet es, daß der Staat Befehlsgewalt innerhalb seines Herrschaftsbereichs hat und seinerseits keiner anderen Befehlsgewalt untersteht. Er kann Personen, die zu seinem Herrschaftsbereich gehören, die Weisung geben, dieses oder jenes als Einzelperson oder auch in seinem Namen zu tun. »Er kann« – d. h. es steht ihm das *Recht* zu und insofern hängen Befehlsgewalt und rechtliche Initiative (in später zu klärender Weise) zusammen. Er kann sich dazu hergeben, im Auftrage von Personen und Verbänden, die zu seinem Herrschaftsbereich gehören, oder auch im Auftrag anderer Staaten, etwas zu unternehmen. Aber er tut dies kraft freien Entschlusses, und niemandem steht ein Recht zu, es von ihm zu verlangen, sofern es ihm nicht von dem sich damit selbst bindenden Staate eingeräumt wird. Solche Verbindlichkeiten im einzelnen auf sich zu nehmen, tut der Souveränität keinen Abbruch. Würde dagegen der Staat eine Befehlsgewalt über sich anerkennen, so wäre das Preisgabe der Souveränität und damit Selbstvernichtung. In analoger Weise kann es im Staat tatsächlich mannigfache Rechtsordnungen geben, die nicht von ihm ausgegangen sind. Aber sie sind nur in Kraft, *sofern* sie von ihm geduldet werden. Prinzipiell kann er jede außer Kraft setzen und alle Organisation innerhalb seines Gebietes in die Hand nehmen. Wenn er das nicht tut, wenn er anderes als von ihm gesetztes Recht in seinem Bereich gelten läßt und evtl. eingeordneten Verbänden oder auch Individuen ausdrücklich das Recht zugesteht, Recht zu setzen, so ist das eine *Selbsteinschränkung* und als solche keine Aufhebung der Souveränität. Ebenso liegt eine Selbsteinschränkung vor, wenn der Staat das sog. *Völkerrecht* anerkennt, d. h. sich in seinem Verhalten zu anderen Staaten an gewisse Formen bindet. Eine Aufhebung der Souveränität liegt nur dann vor, wenn die Staatsgewalt, das Organ der Selbstgestaltung, durch einen anderen als den staatlichen Willen eingeschränkt wird. In dem Augenblick, wo über allen gegenwärtig bestehenden Staaten sich eine Gewalt etablierte, die von sich aus ihrer Selbstgestaltung Grenzen setzte, wären sie ihrer Souveränität entkleidet. Damit wären sie aber zugleich als Einzelstaaten aufgehoben und der übergreifenden Organisation des einen Universalstaates eingegliedert. Die Etablierung einer Staatsgewalt ist ein Akt, durch den sie sich selbst setzt. Ob der in dieser Selbstsetzung begründete Anspruch, daß innerhalb des von ihr mit Beschlag belegten Gebietes allein das von ihr gesetzte und sanktionierte Recht gelten soll, erfüllt wird und der Staat faktisch ins Dasein tritt, hängt davon ab, ob er von den betreffenden Individuen anerkannt bzw. nicht angefochten wird. Ob diese Anerkennung oder Duldung ohne weiteres erfolgt, oder ob Mittel angewendet werden müssen, um die Individuen dazu zu bestimmen, das ist gleichgültig. Faktisch wird jede Staatsgewalt immer irgendwelcher Hilfsmittel bedürfen, um sich in den Sattel zu setzen und im Sattel zu halten. Welcher Art diese Hilfsmittel sind, das ist wieder nicht von prinzipieller Bedeutung. Wenn von zwei Gemeinwesen (wie Reich und Gliedstaat) eines einen Teil seiner Angelegenheiten von sich aus regelt, im übrigen aber an die Initiative des anderen gebunden ist, so wird die Frage auftauchen, welches von beiden der souveräne Staat ist. Die Entscheidung richtet sich darnach, von wessen Willen die Abgrenzung abhängt. Hat ein Staat von sich aus ein anderes Gemeinwesen mit einem Teil seiner Rechte und der Befehlsgewalt in seinem Machtbereich beauftragt – und zwar in der Form, daß er selbst diesen Auftrag von sich aus erweitern, einschränken und auch ganz annullieren kann, während ohne seine Mitwirkung nichts von alledem geschehen kann, – so bleibt er souveräner Staat und wird kein Teil des anderen Gemeinwesens. Dessen Herrschaftssphäre erstreckt sich nicht auf sein Gebiet, und es muß ein anderes Gebiet haben, wenn es überhaupt als Staat anerkannt werden soll. Hat dagegen ein Staat in der Form auf einen Teil seiner Funktionen verzichtet (gleichgültig ob stillschweigend oder ausdrücklich), daß es nicht in seiner Hand liegt, sie wieder zu übernehmen, und daß es Sache des anderen ist, was ihm überlassen bleibt, so hat er als Staat aufgehört zu existieren, evtl. in aller Form sich selbst ein Ende gemacht. Sein Herrschaftsbereich ist in andere Hände übergegangen. Die Tatsache, daß dem früher staatlich organisierten Gemeinwesen ein Teil seiner Funktionen geblieben ist, ändert daran nichts. – Können die beiden innerhalb einer Herrschaftssphäre mit staatlichen Funktionen betrauten Faktoren die Verteilung dieser Funktionen nur gemeinsam ändern, wie sie sie gemeinsam angeordnet haben, so ist die Frage nach dem Träger der Souveränität besonders schwierig. Jeden für sich als souverän zu betrachten geht ebenso wenig an, wie einem die Souveränität zuzusprechen. Nehmen wir, um konkreter sprechen zu können, als Beispiel das Deutsche Reich und seine Gliedstaaten, so ist – falls keines das Recht der einseitigen Kompetenzveränderung hat – keines souveräner Staat. Wären die Einzelstaaten souverän und hätten sich nur kraft eigenen Rechtes gewisser Funktionen zugunsten des Reiches entäußert, so wäre dieses als ihr Mandatar anzusehen und nicht als Staat. Hätte umgekehrt das Reich freie Verfügung über die Verteilung der Funktionen, so wäre es Staat und die so genannten Gliedstaaten mit staatlichen Funktionen betraute Gemeinwesen. Können nur Reich und Gliedstaaten gemeinsam die Verteilung der Funktionen ändern, so ist das in bestimmter Weise gegliederte Reich Träger der Souveränität. Es liegt hier eine innere Bindung vor, ähnlich wie bei einem Staate, der seine Verfassung für unabänderlich erklärt. Ein Unterschied zwischen beiden Fällen besteht noch insofern, als in einem Falle ein bestehender Staat sich selbst festlegt, im anderen dagegen ein Staat aus anderen entsteht und schon im Entstehen sich bindet, d. h. mit dieser Bindung ins Dasein tritt. Das Reich nimmt im Moment seines Entstehens die zu seinen Gunsten abdizierenden Staaten in sich auf. Sie abdizieren nur für einen Teil ihrer Funktionen, und diese Abdikation ist die Voraussetzung, die die Setzung des Reiches möglich macht. Nach außen hin ist die Souveränität ganz klar und zweifelsfrei. Aber ihr Träger ist in seiner Kompliziertheit »incredibile quoddam et monstro simile«, wie von Pufendorf das alte Reich genannt hat. Und diese Monstrosität ist ein Anreiz zum Rechtsbruch, durch den sich eine »normaler« gestaltete Staatsgewalt als souverän konstituieren könnte: das an keine bestimmte Struktur mehr gebundene Reich oder wiederum die ursprünglichen Staaten. – Wenn zwei verschiedene sich selbst setzende Staatsgewalten auf denselben Herrschaftsbereich Anspruch erheben – das wäre z. B. der Fall, wenn Reich und Gliedstaaten sich beide für sich als souveräne Staaten konstituieren wollten –, so entsteht ein Zustand der Schwebe, da die Erfüllung des einen Anspruchs die des anderen ausschließt. Welcher von beiden die realen Verhältnisse sich fügen, die erweist damit ihre staatliche Existenz. Solange der Kampfzustand andauert und keine sich durchzusetzen vermag, ist die strittige Herrschaftssphäre nicht als Staat anzusprechen. – Die Existenz des Staates ist also daran gebunden, daß eine Staatsgewalt durch sich selbst konstituiert und daß sie anerkannt ist bzw. Mittel besitzt, um ihre Anerkennung durchzusetzen und Übertretungen ihres Rechts zu ahnden. Als Souveränität bezeichnen wir die Eigentümlichkeit der Staatsgewalt, daß sie das alleinige Verfügungsrecht über ihre Herrschaftssphäre besitzt und dieses Recht nur selbst zugunsten anderer Gewalten einschränken kann. Wir können also der Theorie nicht zustimmen, welche die Souveränität als ein Prädikat der Staatsgewalt ansieht, das ihr zukommen kann oder auch nicht. Es hat keinen Sinn, von nicht-souveränen Staaten zu sprechen. Das ist vielmehr nur ein umschreibender Ausdruck für ein Gemeinwesen, dem ein Staat einen Teil seiner Funktionen übertragen oder überlassen hat und das eventuell zuvor ein Staat gewesen sein mag.

Eine abschließende Charakteristik der Souveränität ist mit den bisherigen Untersuchungen noch nicht erreicht. Das Gewonnene wird vertieft werden, wenn wir die Zusammenhänge von Staat und Recht untersuchen. Vorläufig fahren wir damit fort, die staatliche Gemeinschaft zu charakterisieren, und stellen zunächst eine Reihe von Konsequenzen fest, die sich dafür aus der Äquivalenz von Staatlichkeit und Souveränität ergeben: indem wir von einem Äquivalenzverhältnis sprechen, geben wir zu verstehen, daß keiner anderen als der staatlichen Gemeinschaft Souveränität wesentlich zukommt. Sie *können* wohl die Freiheit haben, sich selbst zu gestalten (z. B. die Kirche), aber sie werden in ihrem spezifischen Charakter nicht berührt, wenn ihnen diese Freiheit (etwa der Kirche durch den Staat) entzogen wird. Wir können auch sagen: die in ihrem Wesen gründenden Verhältnisse und Beziehungen *gestatten* wohl eine Sanktionierung durch Gesetze (d. h. durch ein positives Recht), aber sie *fordern* sie nicht. Und mit der Gleichgültigkeit gegen irgendwelche positiv-rechtliche Regulierung überhaupt ergibt sich die Gleichgültigkeit dagegen, ob die Gesetzlichkeit, wo sie vorhanden ist, ihren Ursprung dem Gemeinwesen selbst verdankt, dessen Leben sie regelt, oder einer außerhalb stehenden Macht.

c) Staat und Volk

Des weiteren ergibt sich aus der Äquivalenz von Staatlichkeit und Souveränität die *Trennbarkeit von Staatsgemeinschaft* und *Volksgemeinschaft*, die man vielfach für notwendig aneinandergebunden, wo nicht gar für identisch gehalten hat. Sie wird trennbar zunächst in dem Sinn, daß die Volksgemeinschaft fortbestehen kann, wenn die Souveränität und damit die Staatlichkeit aufgehoben ist. Das Volk kann in der Eigentümlichkeit seines Gemeinschaftslebens unberührt bleiben, wenn es durch eine äußere Macht der Möglichkeit beraubt wird, nach eigenen Gesetzen zu leben (Beispiel: die Zerstörung des polnischen Staates hat den Fortbestand des polnischen Volkes nicht aufgehoben; es ist sogar vielleicht danach in höherem Grade Nation geworden, als es vorher war). Das müßte noch weiter erleuchtet werden durch eine Untersuchung der besonderen Eigentümlichkeit der Volksgemeinschaft als solcher. Doch wenden wir uns zuvor noch der anderen Seite der aufgeworfenen Frage zu: ob eine staatliche Gemeinschaft auch fortbestehen kann bei Aufhebung der Volksgemeinschaft. Das kann noch einen doppelten Sinn haben: 1. Muß sich der Staat auf eine einheitliche Volksgemeinschaft aufbauen oder ist ein Staat denkbar, der eine Mehrheit in sich abgeschlossener und voneinander abgegrenzter Volkseinheiten umfaßt? 2. Ist ein Staat möglich, der überhaupt keine Volksgemeinschaft zur Grundlage hat? Die erste Frage ist dahin zu beantworten, daß die Existenzmöglichkeit des Staates nicht an die Volkseinheit gebunden ist. Der Nationalstaat oder Volksstaat ist eine besondere Spielart des Staates, aber nicht der Staat schlechthin. Es ist sehr wohl möglich, daß eine Reihe verschiedener Volksgemeinschaften durch eine sie alle als umfassendes Staatsganzes repräsentierende Macht vereint werden, die ihr Leben nach gewissen Richtungen gleichmäßig oder auch verschiedenartig regelt, ohne sie in ihrem Volkstum anzutasten. – Schwieriger zu entscheiden ist die zweite Frage: ob der Staat überhaupt eine Volksgemeinschaft als Grundlage fordert. Daß die ihm angehörigen Individuen eine Gemeinschaft bilden, haben wir schon früher festgestellt. Sehr in unserem Sinne sagt Aristoteles, die φιλία mehr noch als die Gerechtigkeit halte die Staaten zusammen und die Rechtlichkeit allein – ohne jene – vermöchte es nicht. Die Bedeutung von φιλία ist in dem Zusammenhang, dem diese Stelle entnommen ist, zweifellos sehr schwankend. Aber eine Grundbedeutung, die überall intendiert ist, ist die des Gemeinschaftbewußtseins. Irgendeine Art von Gemeinschaft wird auch innerhalb des volklich nicht geeinten Staatsganzen alle ihm angehörigen Individuen umschließen. Dies ist allerdings nicht als ein Constituens des Staates als solchen anzusehen, d. h. es ist durch seine ontische Struktur nicht notwendig gefordert. Diese verlangt nur einen Bereich von Personen als zum Bestande des Staates gehörig und ein bestimmt geartetes Verhältnis dieser Personen zum Staatsganzen (das noch näher zu erörtern sein wird), dagegen läßt sie es offen, wie die Personen zueinander stehen mögen. Nicht aus der Struktur des Staates, sondern aus der Struktur geistiger Personen ist es verständlich zu machen, daß – wie wir es bereits andeuteten – ein konkretes Staatsgebilde auf der Grundlage einer bestehenden Gemeinschaft erwächst und andererseits ein Band der Gemeinschaft um die von ihm umfaßten Personen schlingt; ferner, daß diese Gemeinschaftsbeziehungen erforderlich sind, um die Existenz eines Staates sicherzustellen. Die staatliche Gemeinschaft braucht – darauf kommt es an dieser Stelle an – keine Volksgemeinschaft zu sein. Ob dort, wo nicht mehrere Volksgemeinschaften dem Staatsganzen zugrunde liegen, der Verband der Individuen speziell eine *Volks*gemeinschaft sein muß, das werden wir erst entscheiden können, wenn wir die Untersuchung dessen, was Volksgemeinschaft ist, durchgeführt haben.

Von den engeren Gemeinschaften, die wir früher berührten – Familie und Freundeskreis – unterscheidet sich das Volk dadurch, daß dort ganz bestimmte Individuen das Fundament der Gemeinschaft bilden, daß sie mit ihrem vollen persönlichen Bestande in das Gemeinschaftsleben eingehen und daß sie alle miteinander in persönliche Berührung treten. (Diese Bestimmungen treffen freilich nur zu, wenn man Familie und Freundeskreis im engsten Sinne des Wortes nimmt und nicht alle im Verhältnis der Blutsverwandtschaft stehenden Individuen als eine Familie, alle zu einer Person in freundschaftlichen Beziehungen stehenden Individuen als einen Freundeskreis auffaßt. Unter Familie ist hier nur die auf eheliche Gemeinschaft bzw. auf

Blutsverwandtschaft begründete aktuelle Lebensgemeinschaft zu verstehen, unter *einem* Freundeskreis die aktuelle Lebensgemeinschaft von zwei oder mehr Personen, die rein durch eine in der persönlichen Eigenart wurzelnde gegenseitige Anziehung verbunden sind. Faßt man Familien- und Freundesgemeinschaft so, dann ist es gegen die angegebenen Bestimmungen kein Einwand, wenn man auf die unleugbare Tatsache hinweist, daß weder Familienangehörige, noch Freunde einander immer vollkommen »verstehen«. Solche mehr oder minder weitgehende Fremdheit bzw. Entfremdung ist zwar allgemein festzustellen, aber sie stellt allemal eine Durchbrechung der betreffenden Gemeinschaft dar und ändert nichts daran, daß ihrer *Intention* nach die Person mit ihrem vollen Bestande darin aufgehoben sein soll). In allen diesen Punkten ist die Volksgemeinschaft anders gestellt. Sie umfaßt eine offene Vielheit von Individuen, so daß eine persönliche Berührung aller, die zu ihr gehören, praktisch unmöglich ist. Sie kann neue Individuen aufnehmen, ohne Rücksicht auf ihre persönliche Eigenart (wenigstens in sehr weitem Maße; einseitig bestehen Grenzen, insofern nicht jede Individualität sich durch jede Volksgemeinschaft assimilieren lässt). Und sie erhebt niemals den Anspruch, das volle persönliche Leben der Individuen in sich aufzunehmen. Aber wenn hier dem einzelpersönlichen Leben größerer Spielraum gelassen wird, so sind doch die Bande, die es an das Volk knüpfen, kaum weniger fest als die straffer gespannten der engeren Gemeinschaften. Zunächst muß natürlich in der weiteren Gemeinschaft alles erhalten bleiben, was Gemeinschaft als solche konstituiert: es muß *ein* Lebensstrom vorhanden sein, an dem alle ihr angehörigen Individuen teilhaben, es muß – mindestens in einem Teil ihrer Glieder – ein die ganze offene Vielheit zugehöriger Individuen der Intention nach umspannendes Gemeinschafts*bewußtsein* vorhanden sein; die mangelnde persönliche Berührung alter Glieder muß durch eine kontinuierliche Vermittlung der Solidarität zwischen den in Zeit und Raum getrennten Elementen ersetzt werden; jedes Glied der Volksgemeinschaft muß den Stempel seiner Zugehörigkeit zu ihr tragen: wenn nicht in seinem Zugehörigkeitsbewußtsein, so doch darin, daß es den Volks*typus* repräsentiert; schließlich gehört es zum Volk wie zu jeder Gemeinschaft, daß sie einen solchen die persönliche Struktur ihrer Glieder nach gewissen Richtungen hin formierenden Typus und einen einheitlichen *Volkscharakter* ausbildet. Dazu kommt nun noch eine dem Volk im Unterschied zu anderen Gemeinschaften wesentliche positive Eigentümlichkeit: eine Gemeinschaft von der Weite und dem Spielraum eines Volkes ist nur dann als *Volks*gemeinschaft in Anspruch zu nehmen, wenn und solange aus ihrem Geiste eine eigene, durch ihren spezifischen Charakter bestimmte *Kultur* hervorgeht. Jede Kultur, d. h. jeder in sich einheitliche und nach außen abgegrenzte Kosmos geistiger Güter (seien es selbständige Objekte wie die Werke der Kunst und Wissenschaft, seien es am aktuellen Leben von Personen hervortretende stilisierte Lebensformen), weist auf ein geistiges Zentrum zurück, dem sie ihren Ursprung verdanken; und dieses Zentrum ist eine schöpferische Gemeinschaft, deren spezifische seelische Eigenart sich in allen ihren Produktionen auswirkt und widerspiegelt. Die Gemeinschaft, die hinter einem kulturellen Kosmos steht, kann prinzipiell umfassender sein als eine Volksgemeinschaft; ein »Kulturkreis« kann eine Reihe von Völkern – gleichzeitig und in der Folge der Zeiten – umspannen. Ebenso können engere Gemeinschaften – etwa ein Stand oder ein Familienverband – ihren eigenen kulturellen »Mikrokosmos« bilden. Aber nur der Volksgemeinschaft ist es *wesentlich* , kulturschöpferisch zu sein. Die Gemeinschaft des Kulturkreises kann sich eventuell darin erschöpfen, daß die ihm zugehörigen Völker ihre Kulturgüter austauschen (bzw. einander in der Folge der Zeit tradieren) und gemeinsam davon zehren, ohne als geschlossene Einheit produktiv zu sein. Ebenso wird die engere Gemeinschaft in ihrem Bestande nicht angetastet, wenn sie nur an den Kulturgütern der umfassenden Gemeinschaft teilhat, ohne sie zu bereichern, oder wenn sie nur als Bestandteil des größeren Ganzen daran mitarbeitet, nicht als selbständige Einheit. Nur das Volkstum erlischt mit seiner geistigen Schöpferkraft.

Wir finden in dieser »kulturellen Autonomie« als spezifischer Eigentümlichkeit der Volksgemeinschaft ein merkwürdiges Widerspiel der Souveränität als Spezifikum des Staates und gleichsam die materiale Grundlage dieser formalen Eigengesetzlichkeit. Von hier aus fällt Licht auf die Beziehungen von Volk und Staat: das Volk als eine »Persönlichkeit« von schöpferischer

Eigenart verlangt nach einer Organisation, die ihr ein Leben nach eigener Gesetzlichkeit sichert. Der Staat als soziales Gebilde, das sich aus eigener Machtvollkommenheit organisiert, verlangt nach einer Schöpferkraft, die seiner organisierenden Potenz Inhalt und Richtung vorschreibt und eine innere Berechtigung verleiht. Die Frage, die uns zu den letzten Betrachtungen nötigte – ob der Staat einer Volksgemeinschaft als Fundament bedürfe –, werden wir jetzt dahin beantworten, daß denkbar wohl ein Staatsgebilde ist, dem diese Grundlage mangelt und in dem das einzige Band zwischen den ihm angehörigen Gliedern die »Loyalität« ist (im Sinne von *Kjellén*), d. h. die Gemeinsamkeit der Rechte und Pflichten gegenüber dem Staatsganzen; aber ein solches Gebilde hätte sozusagen keine innere Existenzberechtigung; es haftete ihm immer der Charakter des Hohlen und Ephemeren an; es würde eventuell eine Zeitlang durch einen regimentalen Willen zusammengehalten, aber nicht durch eine eigene innere Schwerkraft.

Was die Möglichkeit einer Vereinigung mehrerer Völker in einem Staatsganzen betrifft, die wir früher annahmen, so wird sie durch die Eigenpersönlichkeit jeder einzelnen Volksgemeinschaft nicht aufgehoben. Es verlangt nicht notwendig jede von ihnen nach einer ihr allein angemessenen Staatsform, sondern nur nach einer staatlichen Organisation, die ihrer inneren Gesetzlichkeit Rechnung trägt. Nur wo Staatsgesetzlichkeit und Volkspersönlichkeit im Gegensatz zueinander stehen, ist Gefahr, daß eine von beiden zugrunde geht, oder auch beide. Das ist ebenso gut bei einheitlichem Volkstum möglich wie bei mehreren Völkern, deren eines auf Kosten des anderen bevorzugt wird.

Wir fügen zur Erläuterung einige Bemerkungen über das Verhältnis von *Volk und Nation* bei, und zwar hauptsächlich darum, weil vieles, was wir als Charakteristikum des Volkes anführten, von anderer Seite der Nation zugeschrieben wird. So betrachtet Kjellén die Nationen als große »Individuen« von charakteristischer Eigenart, die sich im ausgebildeten Personaltypus ihrer Glieder, in der Nationalsprache, in der spezifisch gefärbten »öffentlichen Meinung« u. dgl. dokumentiert; das Volk erscheint ihm dagegen allein durch das Band der Loyalität zusammengehalten. Diese Art der Abgrenzung dürfte kaum durchzuführen sein. Erschöpfte sich die Volksgemeinschaft in der Solidarität der Rechte und Pflichten, so wäre sie Produkt des Staates und setzte ihn voraus – was Kjellén selbst nicht meint. Als »große Mächte«, als Analoga individueller Persönlichkeiten, darf man sowohl Völker als Nationen ansehen. Der Unterschied ist, wie ich glaube, darin zu finden, daß das Gemeinschaftsbewußtsein, welches schon dem Volk eigentümlich ist, in der Nation zu reflektiver Klarheit erhoben wird, und daß parallel dazu in der Nation ein Bild ihrer spezifischen Eigenart lebt und diese Eigenart »gepflegt« wird, während das Volk diese Eigenart nur einfach *hat* und in seinem ganzen Leben und Schaffen auswirkt, ohne sich selbst darüber klar zu sein und darum auch, ohne sie irgendwie zu betonen und hervorzukehren. Echte Nationalität ist daher nur auf der Grundlage des Volkstums möglich. Sie pflegt sich innerhalb eines Volkstums zu entfalten, wenn es eine gewisse Reife erlangt hat, analog wie eine individuelle Person sich erst im Laufe ihres Lebens selbst kennen lernt, ohne daß man sagen könnte, daß sie vor dieser »Selbsterkenntnis« noch keine persönliche Eigenart besäße.

Was der Staat als Fundament fordert, ist Volksgemeinschaft, nicht Nationalität. Die Entwicklung zur Nationalität ist nur insofern von Interesse für den Staat, als es für die Festigkeit des Volkstums und damit der Grundlagen des Staatswesens ein schlechtes Zeichen ist, wenn sich das Nationalgefühl auf einer gewissen Stufe nicht einstellt oder bei bestimmten Gelegenheiten – z. B. der Gefahr, daß das Volkstum in seiner freien Entfaltung gehemmt werden könnte –, nicht hervorbricht. – Noch nach einer anderen Richtung hin ist gegen Kjelléns Behandlung des Verhältnisses von Staat und Nation Einspruch zu erheben. Die Nation – so meint er – bekommt durch den staatlichen Zusammenschluß erst einen geistigen Lebensinhalt, während der Staat seinerseits nach Ausfüllung durch das »Naturwesen der Nation« verlangt. Man darf zwar wohl die Worte »Natur« und »Geist« hier nicht auf die Waagschale legen, weil Kjellén sich nicht darüber äußert, wie er sie verstanden haben will. Macht man aber damit Ernst und nimmt sie im strengen Sinne, so ist es unmöglich, Staat und Nation als Natur und Geist (oder auch »Vernunft«) einander gegenüberzustellen. Alle Gemeinschaft – also Volk wie Nation – ist geistiger Art. Das Volk hat wohl seine Naturgrundlage und eben auch dadurch der Staat, aber als

Gemeinschaft gefaßt ist es nicht »Natur« und bedarf auch keiner Ausfüllung mit einem geistigen Lebensinhalt durch den Staat. Wie innerhalb von Volk und Staat die Grenze zwischen Natur und Geist zu ziehen ist, und ob man dem Staat in bestimmtem Sinne eine besondere »Vernünftigkeit« zusprechen darf, das werden wir noch erörtern.

d) Der zahlenmäßige Umfang der staatlichen Gemeinschaft

Das Problem des zahlenmäßigen Umfangs, das wir neben dem Verhältnis zu anderen sozialen Verbänden als mögliches Charakteristikum der staatlichen Gemeinschaft ins Auge faßten, haben wir an einer Stelle schon flüchtig gestreift. Es ist kennzeichnend für Volk und Staat, eine offene Vielheit von Individuen zu umfassen, die für das einzelne nicht übersehbar ist. Für den Staat als solchen ist die Größe, bis zu der er anwachsen kann, nach oben prinzipiell nicht begrenzt, wie die Idee des Universalstaates und das Faktum des römischen Imperiums zeigt. Das fortschreitende Anwachsen erfordert nur jeweils Änderungen in der Form der staatlichen Organisation. Auch nach unten sind die Grenzen relativ weit abgesteckt: man denke an die antiken und die italienischen Stadtstaaten. Die Zahl der Bürger muß nur groß genug sein, um dem Staat jene Geschlossenheit in sich und Unabhängigkeit von anderen zu ermöglichen, welche die Souveränität sicherstellt. Dieses Minimum läßt sich nicht – auch nicht in ungefähren Grenzen – als absolute Zahl angeben, denn es hängt für jedes einzelne Staatsgebilde, sowohl was seine militärische Sicherheit, als was seine wirtschaftliche Unabhängigkeit anlangt, von der Größe der neben ihm bestehenden Staaten ab. Bleibt ein Staat hinter den anderen erheblich an Volkszahl zurück, so verliert er die Möglichkeit, seine Souveränität sicherzustellen, und seine Existenz ist in das Belieben der anderen gestellt. Eine Reihe von Kleinstaaten kann also nebeneinander festen Bestand haben, sobald aber die Form der »Großmacht« vorherrscht, muß jenen zuvor lebensfähigen Gebilden der Atem ausgeben. Das Minimum der Volkszahl, die ein Staat erfordert, ist ferner abhängig von der Natur des Landes, den Bodenschätzen, klimatischen Verhältnissen usw.; denn mit diesen natürlichen Umständen wechselt die Zahl der Arbeitskräfte, die nötig sind, um den wirtschaftlichen Bedarf des Staates zu decken und ihn unabhängig zu machen. Über diese Verhältnisse werden wir noch zu sprechen haben, wenn wir die Bedeutung des Landgebietes für den Aufbau des Staates erwägen. – Die Bedeutung der Zahlenverhältnisse ändert sich, wenn wir an Stelle des Staates als solchen das Volk oder den auf die Volkseinheit begründeten, den so genannten »Nationalstaat« ins Auge fassen. Seine Spannweite ist erheblich geringer. Auf der einen Seite erfordert die Ausbildung eines kulturellen Kosmos eine breitere Basis, als die Bevölkerung eines Stadtstaates sie darstellt – wir haben trotz erheblicher geistig-kultureller Differenzen zwischen Sparta und Athen doch ein Panhellenentum und *eine* hellenische Kultur. Auf der anderen Seite muß ein allzu starkes Anwachsen zur Sprengung der Volkseinheit führen. Das zweite ist leicht plausibel zu machen und kann in verschiedener Form geschehen. Wächst die Volkszahl durch natürliche Vermehrung ohne Erweiterung des Landgebietes, so nötigen die wirtschaftlichen Verhältnisse größere Teile der Bevölkerung zur Auswanderung in andere Staaten oder zur Kolonisation; die dadurch bedingte Aufhebung oder auch Lockerung der Lebensgemeinschaft mit dem Kernbestand des Volkes im Mutterland und die Anpassung an veränderte Lebensbedingungen wird dann zu einer Modifikation des ursprünglichen Typus und schließlich zur Ausbildung eines neuen Typus führen. Wächst der Nationalstaat durch Eroberung und Aufnahme neuer Volksteile, so verliert er entweder den Charakter des Nationalstaates, oder, falls die neuen Elemente assimiliert werden, kann die Assimilation eine so starke Abwandlung des ursprünglichen Volkscharakters herbeiführen, daß man nicht mehr von einer Umbildung, sondern von einer *Neu*bildung sprechen muß. Endlich wird eine sehr weitgehende räumliche Ausbreitung die verschiedenen Volksteile in so verschiedenartige Lebensverhältnisse hineinstellen und ihnen so getrennte Ziele stecken, daß schließlich eine die Einheit durchbrechende Differenzierung eintreten wird. Alles das sind keine apriorischen Notwendigkeiten, sondern Möglichkeiten, die dem faktischen historischen Geschehen gegenüber den Wert von Wahrscheinlichkeitsregeln haben. – Schwerer zu durchschauen ist die Notwendigkeit einer relativ breiten Basis für die Ausbildung der Kultur, die die Volkseinheit dokumentiert. Um sie zu verstehen, müssen wir uns die geistige Einheit, die wir als Volkspersönlichkeit bezeichnen, und die ihr entsprechende Einheit einer Kultur etwas näher zu Gesicht bringen, als es bisher geschehen ist. Wenn wir von einem geistigen Kosmos sprechen, so verbinden wir damit den Gedanken einer Totalität, die in sich begründet ist durch die Idee einer in sich geschlossenen Welt der Werte. Sowohl die Vollendung der

Persönlichkeit (der individuellen wie der überindividuellen), als die der Kulturgebilde, die ihr Niederschlag sind, wird bemessen nach ihrer Beziehung zur Welt der Werte. Den verschiedenen Rangstufen der Werte entsprechen verschiedene Aufnahmestellen und spezifische Fähigkeiten der Person, diesen Fähigkeiten wiederum einzelne Kulturgebiete. Die Einheit der Person dokumentiert sich in der Eigentümlichkeit ihrer Stellungnahme zum Ganzen der Wertewelt und tritt hervor in der Zusammengehörigkeit aller ihrer Werke. Die Totalität, von der wir sprachen, besteht bei der einzelnen Person in einer Empfänglichkeit für alle Rangstufen der Werte; sie braucht aber nicht alle entsprechenden Dispositionen auszubilden und erst recht nicht auf allen Gebieten schöpferisch zu sein. Auf welchen Gebieten sie es ist und ferner, welchen Werten sie in ihrem Verhalten den Vorzug gibt, das ist charakteristisch für ihre persönliche Eigenart. Wo der Zugang zu irgendeinem Gebiet überhaupt fehlt – nicht nur die entsprechende Disposition infolge der begrenzten Kräfte oder der besonderen Lebensumstände unausgebildet oder rein rezeptiv, nicht produktiv ist –, da liegt eine über die allen empirischen Personen eigene Beschränktheit hinausgehende Unvollkommenheit, ein Loch in der Totalität vor. – Bei einem kulturellen Kosmos kann man nur dann von Totalität sprechen, wenn alle Wertgebiete in ihm durch irgendwelche Werke oder sonstige objektiv-geistige Niederschläge vertreten sind; dabei können und werden die einzelnen Gebiete innerhalb einer Kultur sich durch die mehr oder minder große Bedeutung und Originalität der sie repräsentierenden Werke unterscheiden, und in diesen Unterschieden kommt die besondere Eigenart der Kulturen und der hinter ihnen stehenden »Persönlichkeiten« zum Ausdruck. – Was sind das nun für Persönlichkeiten? Die Beschränktheit der individuellen Person, die es ihr nicht gestattet, auf allen Gebieten produktiv zu sein, macht sie unfähig, eine totale Kultur zu erzeugen. Desgleichen sind Personenverbände, die durch die Hingabe an ein bestimmtes Wertgebiet geeint sind (wie religiöse Gemeinschaften oder wirtschaftliche Arbeitsgemeinschaften), nicht dazu angetan, eine Kultur zu schaffen: sie werden nur produktiv daran mitarbeiten. Schließlich fehlt die erforderliche geistige Allseitigkeit auch den Verbänden, die eine Auslese nach der persönlichen Eigenart darstellen: Familie und Freundeskreis. Die Gemeinschaft, die als allseitig produktive Persönlichkeit hinter einer Kultur steht, muß so umfassend sein, daß in ihr alle Einseitigkeiten bis zu einem gewissen Grade zum Ausgleich und Zusammenwirken kommen. Zu der Ausbildung aller erforderlichen Fähigkeiten gehört eine gewisse Differenzierung der Lebensbedingungen für die Individuen bzw. Gruppen von Individuen, die als Teilkräfte in der Einheit der kulturschöpferischen Persönlichkeit wirken sollen; zu große Einheitlichkeit der Naturbedingungen z. B. – wie sie bei der Einschränkung auf das enge Landgebiet eines Stadtstaates vorliegt – scheint dieser notwendigen Differenzierung im Wege zu stehen. Darüber sollen uns die Untersuchungen über die Zusammenhänge von Land und Volk weitere Auskunft geben.

e) Individuum und Volk – Individuum und Staat

Doch haben wir zuvor noch eine Reihe von angeschnittenen Fragen zu erörtern. Es bleibt uns, um die Eigentümlichkeit der staatlichen Gemeinschaft gegenüber anderen abzugrenzen, noch zu prüfen, welche besondere Form in ihr das Verhältnis von Individuum und Gemeinschaft annimmt. Da ist einmal zu bemerken, daß nicht alle Individuen in gleicher Weise dem Ganzen eingeordnet zu sein brauchen; und zwar nicht nur in dem Sinne, daß sie verschiedene Funktionen im Organismus des Staates übernehmen, sondern so, daß eine gewisse Auslese in spezifischem Sinne als »Träger« des Staatslebens anzusehen sind; in ihnen lebt ein Zugehörigkeitsbewußtsein, eine Hingabe an das Ganze und eine Verantwortung, die die große Masse der Staatsbürger nicht kennt oder doch nicht zu kennen braucht, ohne daß der Bestand des Staates dadurch gefährdet würde. Freilich ist der Bestand an Trägern, deren der Staat bedarf, je nach seiner besonderen Ausgestaltung verschieden; das lassen wir aber zunächst unerörtert und halten nur fest, daß irgendwelche Träger vorhanden sein müssen. Für sie wollen wir zuerst prüfen, wie ihr Verhältnis zum Staat beschaffen sein muß. Zu diesem Zweck vergegenwärtigen wir uns kurz, welche Formen ganz allgemein das Verhältnis des Individuums zu der Gemeinschaft, der es angehört, annehmen kann. Es ist konstitutiv für die Gemeinschaft als solche, daß mindestens ein Teil ihrer Glieder sie nicht nur als ein fremdes Objekt betrachtet, auf das sie gelegentlich im Verlauf ihres individuellen Lebens stoßen, sondern als ein Ganzes, dessen Teile sie sind und dessen Leben ihr Leben ist. Besonderen Gemeinschaften (und zwar den engsten, über die wir schon des öfteren sprachen) ist es eigentümlich, daß sie den Anspruch erheben, das Individuum ganz und gar, mit seinem ganzen persönlichen Bestande, zu umfassen und in sich aufgehen zu lassen. Dessen bedarf der Staat nicht. Er läßt seinen Trägern weitesten Spielraum für ihr persönliches Leben, das ihn seiner Inhaltlichkeit nach nicht kümmert, und verlangt nur, daß er in ihrem Leben die erste Stelle einnimmt. Auch das ist in ganz bestimmtem Sinne zu verstehen. Der Staat verlangt nicht von denen, die ihm dienen und seine lebenswichtigen Organe darstellen, als das schlechthin höchste Gut betrachtet zu werden. Der Staatsmann kann ebenso wie der Heilige davon überzeugt sein, daß das Heil der Seele höher steht als das Wohl des Staates. Das Entscheidende ist, daß er in erster Linie als Glied des Staates lebt, daß dies der feste Orientierungspunkt ist, von dem aus er sein Verhalten auch in anderen als staatlichen Angelegenheiten erwägt und bemißt. Es können in einem Staat sehr viel mehr Individuen diesen Forderungen genügen, als im gewöhnlichen Sinne des Wortes im »Staatsdienst« stehen. Je größer ihre Zahl ist, desto stärker und sicherer ist seine Existenz verankert. Auf der anderen Seite ist es möglich, daß Individuen ein Staatsamt inne haben, die keine Träger des Staatslebens in unserem Sinne sind. In je weiterem Umfange das der Fall ist, desto schlimmer ist es um den Staat bestellt. Wo Staatsämter und -einrichtungen zur Beute privater Interessen geworden sind, da ist der Lebensnerv des Staates durchschnitten, mag er auch äußerlich noch ein Scheindasein führen (evtl. dadurch, daß seine Interessen zufällig mit denen der Individuen, die seine Angelegenheiten besorgen, zusammenfallen). Von hier aus fällt Licht auf die platonisch-aristotelische Lehre von den *Staatsformen* und ihren möglichen Entartungen. In der absoluten Monarchie ist der Herrscher der Träger des Staatslebens und damit notwendig »erster Diener des Staates«. Er trägt die volle Verantwortung für das Staatsleben und es bedarf keines anderen, der im selben Verhältnis zum Ganzen stehen müßte. Alle anderen können von ihm in den Dienst des Staates eingespannt werden, ohne im spezifischen Sinne seine Träger zu sein. Das Widerspiel des Monarchen ist der Despot, der den Staat – bzw. das, was er davon übrig läßt – als Beute behandelt, für seine persönlichen Interessen ausnützt. Während sich im Monarchen das Gemeinschaftsbewußtsein konzentriert, das den Staat zusammenhält, ist in der Despotie das Band der Gemeinschaft zwischen Herrscher und Beherrschten zerschnitten, jeder betrachtet den anderen als Objekt, d. h. es ist die denkbar größte Annäherung an ein reines Gesellschaftsverhältnis und damit jederzeit die Möglichkeit einer willentlichen Aufhebung des Ganzen gegeben. Die Solidarität gegenüber dem Herrscher kann die Beherrschten zu einer Gemeinschaft verbinden, aber diese Gemeinschaft ist keine staatliche, da sie nicht in die Form des Staates eingeht. – Analog haben wir in der Aristokratie einen auserlesenen Kreis von Trägern des Staatslebens, die sich für das Ganze einsetzen, während ihr Widerspiel, die Oligarchie, eine Zersetzung in eine Gemeinschaft von »Ausbeutern« und eine Gemeinschaft von »Ausgebeuteten« zeigt, oder auch in zwei reine Interessenverbände, deren jeder in sich durch den Gegensatz zum anderen zusammengehalten wird. – In der Demokratie schließlich sind alle Staatsbürger der Idee nach Träger des Staatslebens (womit sich eigentlich auch erst der Begriff des Staatsbürgers umgrenzt und bestimmt). Der Staat ruht hier auf der breitesten Basis, auf der anderen Seite stellt aber das zugehörige Zerrbild – die Ochlokratie – die denkbar stärkste Atomisierung der staatlichen Gemeinschaft dar. –

Von der Idee des Staates aus läßt sich keine der erwähnten Staatsformen als »die beste« in Anspruch nehmen. Die Einheit und Geschlossenheit des Staates scheint am besten gesichert in der absoluten Monarchie, aber auch nur gerade so lange, als tatsächlich alles in einer Hand vereinigt ist. Wächst der Staat und damit der Umfang der Staatsgeschäfte so an, daß ihre Konzentration in einer Hand praktisch unmöglich wird, dann ist die Monarchie unterhöhlt und der Bestand des Staates nur durch den Übergang in eine andere Staatsform sicherzustellen. In der Demokratie ist ihrer Idee nach der Bestand des Staates am sichersten begründet; aber die Anforderungen, die sie an die Gesamtheit der Staatsbürger stellt, sind – an der durchschnittlichen Beschaffenheit der Menschen gemessen – so hoch gespannt, daß ihre Erfüllung stets sehr unwahrscheinlich und die Gefahr der Entartung gerade bei dieser Staatsform sehr groß ist.

Erwägen wir nun, wie das Verhältnis derjenigen, die nicht Träger des Staates sind, zu der staatlichen Gemeinschaft ist, der sie doch mit angehören. Es ist für den Staat nicht erforderlich, daß sie sich über ihre Zugehörigkeit zum Ganzen, dem sie in irgendeiner Form eingegliedert sind, klar sind; sie brauchen es nicht als eigene Realität zu erfassen und positiv dazu Stellung zu nehmen. Es genügt, wenn sie die ihnen zufallenden Funktionen erfüllen, auch wenn sie nicht wissen, daß es Funktionen des Staatsorganismus sind. Dagegen ist es ein den Bestand des Staates gefährdender Zustand, wenn irgendwelche ihm angehörigen Elemente in negativer Weise zu ihm Stellung nehmen, ihn als feindliche Macht betrachten. Es ist damit ein Riß durch die staatliche Gemeinschaft gegeben. – Alle bisherigen Erwägungen haben das Verhältnis von Individuum und Staat ohne Berücksichtigung des Verhältnisses von Staat und Volk betrachtet. Es bleibt noch zu erörtern, ob und inwieweit die Beziehungen von Individuum und Staat durch die Beziehungen des Individuums zur Volksgemeinschaft fundiert sind. In prinzipieller Allgemeinheit besteht diese Bindung so wenig wie die des Staates an das Volk. Ein Gebilde, das in so hervorragendem Maße Staat war wie das alte Preußen, konnte sich nicht auf die Einheit eines »preußischen Volkes« stützen, und das staatliche Verantwortlichkeitsgefühl seines hervorragendsten Trägers Friedrichs des Großen war in keinem Nationalgefühl begründet. Immerhin *können* hier Zusammenhänge bestehen, und es erscheint uns als das Normale und Gesunde, wenn es der Fall ist. Der Staat, der Individuen in seinen Bann zieht – sei es, daß sie sich ihm in freier Hingabe widmen, sei es, daß sie zu seinem Dienst gezwungen werden –, ohne Organisation einer Volkspersönlichkeit zu sein (oder auch mehrerer), mutet uns immer merkwürdig unheimlich an. Etwa wie eine Maschine, die Menschenleben erfordert, um in Gang gebracht und im Gang erhalten zu werden, die aber selbst nicht lebendig wird und gegen das Leben, das sie mit Beschlag belegt, gleichgültig bleibt. Der Staat hat keine Seele und keine seelische Produktivität und darum erscheint es wunderbar – und in gewissem Sinne unangemessen, wiewohl es für seinen Bestand erforderlich ist –, wenn ihm seelische Hingabe widerfährt. – Ganz anders steht es mit dem Volk. Zwar wird auch hier kein völliges Aufgeben des Individuums in der Gemeinschaft verlangt. Aber sie stellt eine Gemeinschaft produktiver Seelenkräfte dar und besitzt eigene Schöpferkraft, diejenige, die sich in den Werken der Kultur niederschlägt. Die Individuen tragen sie nicht nur, sondern werden von ihr seelisch genährt (während sie vom Staat nur äußere Gegenleistungen empfangen, die freilich eben darum sichtbarer zutage liegen). Und so erscheint es uns sehr viel natürlicher und verständlicher, wenn jemand sein Volk liebt und den Staat nur abgeleiterweise als dessen äußere Form, als wenn der Staat unmittelbar um seiner selbst willen geliebt wird.

Durch die letzten Bemerkungen soll nicht bestritten werden, daß auch der *nicht* auf dem Fundament eines Volkes ruhende Staat vom Standpunkt der Gemeinschaft aus hohen Wert haben kann: er kann die freie Entfaltung der in seiner Obhut lebenden Personen und Gemeinschaften sicherstellen; er kann, obwohl ohne Rücksicht auf ein Volk entwickelt, das fertig bereite Kleid sein, in das eine werdende Volksgemeinschaft hineinschlüpft; schließlich ist es möglich, daß die staatliche Gemeinschaft die in ihr vereinten Individuen allmählich zu einem Volk verwachsen läßt.

§ 2. Staat und Recht

Alle bisherigen Betrachtungen lassen den Staat in einem merkwürdigen Zwitterlicht erscheinen: er *bedarf* der Volksgemeinschaft nicht als Fundament seiner Existenz, aber er *kann* darauf ruhen und erscheint eigentümlich hohl und schemenhaft, wenn es nicht der Fall ist. Diese Verhältnisse werden sich aufklären, wenn wir versuchen, den Punkt zu erhellen, der uns als der zentrale im Aufbau des Staates erschien: die Eigentümlichkeit der Souveränität. Wir stellen die Frage allgemeiner, indem wir die Frage der Souveränität in dem Zusammenhang nehmen, in den sie hineingehört: als das Problem des Verhältnisses von *Staat und Recht*.

a) Reines und positives Recht

Als Voruntersuchung wird hier eine Erörterung der *Idee des Rechtes* erforderlich. Man kann von Recht in doppeltem Sinne sprechen: es gibt Rechtssachverhalte, die unabhängig von aller Willkür bestehen und unabhängig davon, ob sie von irgendwelchem »geltendem Recht« anerkannt werden oder nicht – *»reine« Rechtsverhältnisse* : daß ein Anspruch, der durch ein Versprechen erwächst, durch Erfüllung erlischt; daß es unrecht ist, eine Schuld nicht zurückzuerstatten usw. Daneben besteht das geltende Recht, das sogenannte *positive* . Das reine Recht ist zu allen Zeiten und bei allen Völkern dasselbe; denn es ist ewig und tritt nicht irgendwo und irgendwann ins Dasein. Das positive Recht wird durch Willkürakte geschaffen oder in Kraft gesetzt und kann darum beliebig mannigfaltig sein. Darin liegt beschlossen, daß es vom reinen Recht abweichen kann. Man wird fragen, warum dennoch für beide die Bezeichnung »Recht« verwendet werde. Ob es sich nicht um eine bloße Äquivokation handele. Darauf ist zu sagen: die mögliche Diskrepanz zwischen reinem und positivem Recht betrifft nur den *Inhalt* der einzelnen Rechtsverhalte. Darüber hinaus gibt es aber etwas, was man gegenüber diesem Inhalt als *die Form des Rechts* bezeichnen könnte, die apriorische Struktur des Rechts als solchen. Und die ist reinem und positivem Recht gemeinsam. Alles Recht beansprucht, das Verhalten von Personen zu normieren. »Geltung« des Rechts bedeutet, daß dieser Anspruch anerkannt wird. Diese Geltung ist von dem Bestehen des reinen Rechts durchaus zu scheiden. Sie bezeichnet ein *zeitliches* Sein, das anfängt und aufhört und überdies an einen Geltungsbereich gebunden ist. Reines Recht und geltendes Recht desselben Inhalts verhalten sich wie Wesen und Faktum. Damit das Recht sich »realisieren«, d. h. geltendes Recht werden kann, muß jener Anspruch zunächst einmal *erhoben* werden. Das kann im Namen seines Inhalts geschehen – beim reinen Recht nämlich oder auch z. B. bei ethischen Normen, die in die Form des Rechts gekleidet werden. Es kann auch ohne solche Begründung geschehen – stat pro ratione voluntas. Auf jeden Fall gehört dazu eine Person, die den Anspruch »geltend macht«, und ein Bereich von Personen, an die er sich richtet und durch deren Anerkennung das betreffende Recht geltendes Recht wird. Den Anspruch geltend machen heißt *Recht setzen* oder Rechtsbestimmungen ergehen lassen. Das erste Recht, das gesetzt und anerkannt werden muß, damit weiteres Recht Geltung erlangen kann, ist das *Recht, Recht zu setzen* . Jede Person, die Recht setzt, nimmt damit dieses erste Recht in Anspruch, und zwar für den Bereich von Personen, an die sie ihre Rechtsbestimmungen adressiert und der durch jene erste Bestimmung abgegrenzt wird. Sie kann es von sich aus tun oder, indem sie es als ein Recht, das ihr übertragen wird, annimmt. Im ersten Fall ist der Bereich, in dem ihr Recht gilt, ihre *Herrschaftssphäre* , sie selbst ist souveräne Staatsgewalt, und die Herrschaftssphäre *mit* der sie »regierenden« Staatsgewalt ist ein *Staat* .

Alle diese Feststellungen lassen noch Fragen offen. Vor allem wird zu prüfen sein, in welchem Sinn und mit welchem Recht wir die Person als Quelle des geltenden Rechts in Anspruch nehmen. Vorbereitend suchen wir noch den Charakter der Rechtssetzungen etwas näher zu umschreiben. – Sie weisen zurück auf ein Subjekt, das sie gesetzt hat, und vorwärts auf etwas, was sein *soll* . Diesen Charakter von »Bestimmungen« haben sie auch dann, wenn sie nicht in die Form von Sollenssätzen gekleidet sind. Der Satz z. B. »Hochverrat wird mit dem Tode bestraft« ist seiner Form nach rein theoretisch, er schließt aber seinem Sinne nach, abgesehen von dem, was darin behauptet wird, eine Norm für das Verhalten der Individuen ein, die zu seinem Geltungsbereich gehören, und noch speziell für das Verhalten derer, die für die Wahrung des Rechts Sorge zu tragen haben. Will man dem Satz einen theoretischen Gehalt zugestehen, so kann es einmal der einer empirischen Feststellung sein: daß das, was das Recht vorschreibt, auch tatsächlich geübt wird. In den Sachverhalt, dem damit Ausdruck gegeben würde, gehörte dann die stillschweigend mitintendierte Angabe des Geltungsbereichs des Rechtes mit hinein (dort und dann ist diese Rechtspraxis üblich). Diese Feststellung hat die Rechtsbestimmung zur Voraussetzung. Ganz anders stände es, wenn dem Satz der Charakter eines reinen Rechtssatzes zugesprochen werden sollte: auf Hochverrat *gehört* Todesstrafe. Auch das wäre eine theoretische Feststellung, aber nicht die eines Faktums, sondern eines Wesensverhalts; und aus ihr wäre eine normative Bestimmung und eine danach gestaltete Praxis *abzuleiten* , nicht umgekehrt. – Wie bereits erwähnt, können die Bestimmungen damit begründet werden, daß sie ihrem Inhalt nach mit einem einsichtigen Rechtsverhalt zusammenfallen. Tatsächlich sind aber im positiven Recht die Bestimmungen weitgehend von jeder theoretischen Grundlage abgelöst; sie verdanken ihren Inhalt keiner Einsicht, sondern reiner Willkür. Demnach bedeutet die »Anerkennung« einer Rechtsbestimmung keine theoretische Zustimmung. Es hat bei ihr keinen Sinn, nach Richtigkeit oder Falschheit zu fragen. Sie anerkennen heißt sich ihr bzw. dem Recht setzenden Willen unterwerfen.

b) Das Wesen der Recht setzenden Akte

Um die Möglichkeit dieser Ablösung des positiven vom reinen Recht, der Bestimmung von ihrer theoretischen Grundlage zu verstehen, müssen wir uns kurz auf das Wesen der Recht setzenden oder bestimmenden Akte besinnen. Es handelt sich hier um einen Spezialfall jener Akte, die wir an anderer Stelle als freie oder »willentliche« bezeichnet haben. Der freie Akt ist charakterisiert als ein spontaner Vollzug des Ich – spontan in dem Sinne, daß er sein Dasein dem Ich selbst verdankt und nicht in ihm und doch gewissermaßen unabhängig von ihm sich regt und erwächst, wie es bei allen Kenntnisnahmen und Stellungnahmen der Fall ist. In dem, was man als Willensakt zu bezeichnen pflegt, sind in der Regel eine Stellungnahme und ein spontaner Vollzug – Willensstellungnahme und Vorsatz – miteinander verbunden. Und so ist es überhaupt die Eigentümlichkeit der freien Akte, sich auf Erlebnisse anderer Art – in letzter Linie auf Stellungnahmen zu stützen, sie zu sanktionieren und ihre praktische Wirksamkeit einzuleiten oder umgekehrt, sie zu inhibieren. Das Ich erscheint darin als Zentralstelle, bis zu der die Wellen des seelischen Lebens – letztlich meist von irgendeiner Berührung mit der Umwelt ausgehend – heranströmen können und von der nun eine rückläufige, nach außen drängende Bewegung ihren Ausgang nimmt. Das ganze Geschehen kann sich auch abspielen, ohne daß die Bewegung bis zum Zentrum vordringt und ohne daß die Spontaneität des Ich eingreift. Auf der anderen Seite hat die Spontaneität nur Sinn inmitten einer solchen seelischen Bewegung. Ein absolut »willkürlicher« Willensvorsatz ohne jegliches anders geartete Fundament ist undenkbar. Aber das Fundament kann verschieden geartet sein. Es kann ein Willensvorsatz sich aufbauen auf eine klare (selbst wiederum in einem Fühlen verankerte) Erkenntnis eines Wertverhalts, der nach Realisierung verlangt. In diesem Fall tritt das wollende Ich als Vollstrecker absoluter Normen auf, in deren Dienst es sich von sich aus stellt. Dahin gehört es auch, wenn ein Gesetzgeber als Rechtsbestimmung ergehen läßt, was reines Recht ist. Der Unterschied zum einfachen Willensvorsatz liegt in der Form der Auswirkung, die hier einmal sozialer Natur ist und außerdem (im Gegensatz zu anderen Gruppen sozialer Akte, wie Bitte, Befehl u. dgl.) nicht direkt auf ein Verhalten bestimmter Personen abzielt, sondern nur für mögliche Verhaltungsweisen innerhalb eines Bereichs von Personen eine Regel vorschreibt. Der willentlichen Sanktionierung des kraft reinen Rechts Gebotenen steht gegenüber das Sich-Einsetzen für etwas, was nicht in sich selbst wertvoll, sondern nur als für mich bedeutsam, verlockend o. dgl. gefühlt und begehrt wird. Auch das, wohin mich das Begehren treibt, kann ich mir als Willensziel vorsetzen und kann es auch zum Inhalt einer Rechtsbestimmung machen, was dann freilich kein Wert- und speziell kein reiner Rechtsverhalt zu sein braucht. Man könnte sich denken, daß »ein Recht«, d. h. ein Inbegriff von Rechtsbestimmungen, rein von der Idee eines begehrten oder auch nur als begehrenswert vorgestellten Zweckes aus geschaffen würde. Ein Staatsrecht z. B. von der Idee her, daß es in dem Staat, den es zu normieren bestimmt ist, einer bestimmten Klasse von Menschen besonders wohlgehen solle. Die Rechtsbestimmungen würden dann alle Staatseinrichtungen und das Verhalten der Bürger so regeln, daß jenes Ziel dadurch möglich gemacht würde. Die Möglichkeit eines solchen um alle reinen Rechtsverhältnisse gänzlich unbekümmerten positiven Rechts ist nicht zu bestreiten. Eine ganz andere und nicht so ohne weiteres zu entscheidende Frage ist es, ob ein solches Recht – bzw. der Staat, der danach gestaltet wird – Bestand haben kann. Danach fragen wir vorläufig nicht.

c) Das Subjekt der Recht setzenden Akte. Der Staat als Rechtssubjekt

Wir wenden uns dem Subjekt zu, das als Vollstrecker spontaner Akte in Betracht kommt und das demnach als Urheber der Rechtsbestimmungen gefordert ist. Spontane Akte sind *freies geistiges Tun*, und das Subjekt solchen Tuns nennen wir eine *Person*. Wie freie Akte andere Erlebnisse zum Fundament haben, so weist auch die Personalität noch andere Konstituentien auf als die Freiheit. Darauf brauchen wir hier nicht einzugehen. – Es ist zu fragen, ob nur Individuen als Personen und mögliche Urheber freier Akte in Betracht kommen, oder ob es auch einen Sinn hat, von »Kollektiv- Personen« zu sprechen und sie als Recht setzende Macht in Anspruch zu nehmen. Wir haben den Staat als souverän bezeichnet und damit ausgedrückt, daß er selbst Urheber seines Rechts ist. Ist das nur eine bildliche Ausdrucksweise dafür, daß eine individuelle Person sich sein Gebiet als Herrschaftssphäre zugeeignet hat? (so daß die absolute Monarchie die einzig mögliche Staatsform wäre). Es gäbe dann nur einen Herrscher und einen ihm unterworfenen Herrschaftsbereich, aber keinen Staat, der Staatsgewalt und Herrschaftsbereich in sich faßte, Subjekt und Objekt des in ihm geltenden Rechts wäre. Der Staat als Einheit ist nur möglich, wenn es einen Sinn gibt, ihn als *Ganzes* als Urheber seiner Akte in Anspruch zu nehmen; und eine andere als die absolute Staatsform nur, wenn es einen gemeinschaftlichen Vollzug von freien Akten gibt, wenn ein Personenverband ihr Subjekt sein kann. Nehmen wir zunächst der Einfachheit halber an, daß die Gesamtheit der von den Rechtssetzungen betroffenen Personen zugleich ihr Subjekt wäre, d. h. alle für sie geltenden Bestimmungen ergehen ließe. Wenn eine Reihe von Personen einen Bund schließen, so vollzieht jeder einzelne von sich aus den Akt, der sich für die Gründung entscheidet. Darüber hinaus aber und eventuell in einem Vollzuge damit erklärt jeder *mit den anderen gemeinsam und für alle* den Bund als bestehend, und eben dadurch konstituiert der Bund sich selbst und beginnt sein Dasein. Jeder seiner ferneren Beschlüsse hat denselben Charakter: der Bund beschließt, indem seine Glieder miteinander und für ihn beschließen und jedes von sich aus sein Plazet erteilt. Dieses »von sich aus« unterscheidet die freien Akte von anderen Gemeinschaftserlebnissen, bei denen es nicht erforderlich ist. Aber es ändert nichts daran, daß die Gemeinschaft selbst das Subjekt solcher Akte ist. – Ein weiterer Schritt ist es nun zu sehen, daß nicht jeder von einer Gemeinschaft vollzogene Akt von allen ihr angehörigen Individuen getragen zu sein braucht. Es kann eine engere Körperschaft für die ganze Gemeinschaft, der sie angehört, einen Beschluß fassen. Jeder vollzieht dann den Akt *für* die Gesamtheit, – und eben darum ist der Beschluß als Akt der umfassenden Gemeinschaft anzusehen – aber nur *mit* denen, die aktuell daran beteiligt sind und dadurch zu einer engeren Körperschaft verbunden – mit dem Anspruch, das Ganze zu *vertreten* oder zu *repräsentieren*. Damit sind wir aber noch nicht weit genug, um zu verstehen, in welchem Sinne der Staat als Subjekt der von der Staatsgewalt vollzogenen Akte anzusehen ist. Die Gemeinschaft der in einem Staat lebenden Individuen ist noch nicht der Staat. Es mag Grundlage seiner Existenz sein, daß seine Bürger eine Gemeinschaft bilden, oder auch Folge des Lebens unter seinem Recht, und die Gemeinschaft gehört dann zu seinem Bestand – aber er selbst *ist* nicht die Gemeinschaft. Wo ein Staat ist, da liegt eine ganz neue Sphäre vor, die sich im Leben der zugehörigen Individuen und ihrer Gemeinschaft auswirkt, in die aber dieses Leben von sich aus nicht hineinreicht. Der Staat bedarf einer Person oder einer Körperschaft von Personen, um sich vernehmlich zu machen, und eines Bereichs von Personen, um vernommen zu werden und ins Dasein zu treten. Der Staat kann nur dadurch Akte vollziehen, daß Personen, die ihn »vertreten«, sie *für ihn* vollziehen. Aber solche Akte haben nur als Akte des Staates einen Sinn und nicht als Akte von Personen oder Körperschaften, die nicht als »Organe des Staates« charakterisiert sind. Zum Staat gehört es unaufhebbar, gegliedert zu sein in Staatsgewalt und Herrschaftsbereich. Für alles, was *Organ* des Staates ist, d. h. »im Namen« des Staates handelt, ist es wesentlich, repräsentative Funktion zu haben, d. h. das Staatsganze zu vertreten. Was dagegen zum Herrschaftsbereich gehört, das ist wohl *Glied* des Staates und in seinen Bestand einbezogen, aber nicht ein Organ, in dem das Ganze gegenwärtig ist. – Der Staat ist demnach weder eine individuelle Person noch ein Personenverband und kann auch nicht dadurch ins Leben gerufen werden, daß Personen einen Verband schließen. Staatsgründung ist ein Akt, der nur als Akt des Staates Sinn hat. Freilich kann sie nur in der Form vollzogen werden, daß eine Person oder eine Körperschaft sich dazu hergibt, Organ des Staates zu sein. Denn das bleibt bestehen, daß Akte nur von Personen bzw. Personenverbänden vollzogen werden können. Es ist zu beachten, welchen Doppelcharakter diese »Vertreter« des Staates haben. Es sind auf der einen Seite Personen, die von sich aus Akte vollziehen, andererseits Organe des Staates, die in seinem Namen handeln. Die Vertreterschaft können sie sich nicht selbständig zulegen, sondern erhalten sie vom Staat gleichsam »angetragen«. (Das ist insofern nur ein Bild, als der Staat ihnen ja nicht mit einem eigenen Akt gegenübertreten kann, und nicht »vor« ihnen existiert, sondern nur in ihnen und ihren Akten sich geltend macht.) Aber sie müssen sie dann von sich aus (d. h. *nicht* in ihrer Eigenschaft als staatliche Organe) *annehmen*. Dasselbe wiederholt sich bei jedem Akt, den staatliche Organe vollziehen; sie vollziehen ihn im Namen des Staates, können das aber nur, sofern die individuellen Personen als solche ihr Plazet dazu geben. Ein analoges Verhältnis zeigt das Zusammenwirken von Staatsgewalt und Herrschaftsbereich. Die Staatsgewalt (in nicht absolutistisch regierten Staaten) ist die Körperschaft, die sich aktuell konstituiert, die ihre Beschlüsse gemeinsam faßt, aber nicht für sich, sondern für den ganzen Staat, für den ihr Recht zu gelten und den sie zu repräsentieren beansprucht, d. h. auch für den Bereich von Personen, die den Herrschaftsbereich des Staates bilden und mit ihm durch seine Organe vertreten werden. Indem wir die Selbsteinsetzung der Staatsgewalt als mit einem Anspruch verbunden kennzeichnen, ergibt sich, daß sie der Anerkennung derer bedarf, an die sich der Anspruch richtet, um »rechtskräftig« zu werden. In dieser Anerkennung kommt das Plazet der Vertretenen zum Ausdruck, das in den Akten der vertretenen Körperschaft nicht mehr aktuell wird; durch sie wird der Anspruch dieser Akte, als von der ganzen Gemeinschaft vollzogen und für sie bindend angesehen zu werden, erfüllt. – In welcher Form kann die Anerkennung erteilt werden? Es ist einmal möglich, daß sie der Selbsteinsetzung der vertretenen Körperschaft *vorausgeht* (z. B. wenn ein Verein seinen Vorstand wählt) und diese mit der Vertretung *beauftragt*. Die Selbsteinsetzung gründet sich dann auf diesen Auftrag (sie wird dadurch nicht etwa überflüssig) und der Anspruch, als Vertreterschaft anerkannt zu werden, ist von vornherein erfüllt, oder richtiger – da ja ein Anspruch durch Erfüllung erlischt – die Selbsteinsetzung ist von vornherein rechtskräftig. Es sind damit *im voraus* alle Akte des Ganzen anerkannt, die künftig auf Grund der rechtskräftigen Einsetzung von der vertretenden Körperschaft als solcher vollzogen werden, und ein neues Plazet der Vertretenen wird dadurch überflüssig.

Es ist ferner möglich, daß die Anerkennung *nach* der Selbsteinsetzung *ausdrücklich* erteilt wird (man denke etwa, daß eine Truppe Führern, die das Kommando selbsttätig an sich genommen haben, Gehorsam schwört). Auch damit sind implizite künftige Akte als Akte des Ganzen anerkannt.

Schließlich kann die Anerkennung auch *stillschweigend* erfolgen, indem das, was von der vertretenden Körperschaft beschlossen wurde, von den Vertretenen allemal, wenn sie dazu herangezogen werden, mit ausgeführt wird. Ein Willensakt und die Handlung, die das Gewollte realisiert, bilden eine Einheit, und indem ich mich an der Ausführung beteilige, gebe ich zugleich dem Willensakt, aus dem sie hervorgeht – gleichgültig, ob er mir völlig durchsichtig ist oder nicht –, meine Sanktion. Die Sachlage ist hier gerade umgekehrt wie in den anderen Fällen. Das, was unmittelbar anerkannt und durch die Praxis als gültig erwiesen wird, sind die einzelnen Beschlüsse. Und implizite wird damit das Recht, für die Gemeinschaft Beschlüsse zu fassen, anerkannt. Das eine bleibt aber auch für diesen Fall – den für das Staatsleben, wie es faktisch vor sich geht, vornehmlich in Betracht kommenden – bestehen: daß jeder freie Akt einer Gemeinschaft bzw. eines Gemeinwesens der Sanktion aller daran Beteiligten bedarf, in welcher Form sie auch erteilt werden mag. Und *das ist der richtige Kern der Vertragstheorie*. Sie ist abzulehnen, sofern sie behauptet, daß der Staat – genetisch verstanden – seinen Ursprung einem Vertrage verdankt. Sie ist auch abzulehnen, wenn sie lehrt, daß die Individuen sich eines ihnen außerhalb des Staates – »von Natur aus« – zustehenden Rechts entäußern, indem sie den Staat anerkennen, und daß der Staat dieser Selbstentäußerung der Individuen (jetzt nicht historisch, sondern prinzipiell verstanden) sein Dasein verdankt. Es gibt kein »natürliches Recht«. Das reine Recht besteht unabhängig von allen Individuen und ihrer Organisation. Geltendes oder positives Recht gibt es nur auf Grund von Rechtssetzungen. Dieses geltende Recht kann Individuen wie Verbände zu Inhabern von »Rechten« machen, und diese nicht ursprünglicher als jene. Die Rechtssetzung ihrerseits kann – wie wir sahen – sowohl individuelle Personen als Personenverbände zu Urhebern haben. Richtig erkannt aber hat die Vertragstheorie, daß die Rechtssetzung als freier Akt nur von Personen vollzogen werden kann, und daß, falls ein Verband oder ein nichtpersonales Gebilde sie vollzieht oder falls sie im Namen eines solchen vollzogen werden, doch jede diesem sozialen Gebilde angehörige Person in irgendeiner Form daran beteiligt sein muß. Der Staat muß, um sich selbst und sein Recht setzen zu können, sich freier Personen bedienen und kann die Personen, die ihm angehören, ihrer Freiheit nicht entkleiden. Er kann die verschiedensten Mittel anwenden, um seinen Bestimmungen Geltung zu verschaffen, auch solche, die man als Zwang und »Freiheitsberaubung« zu bezeichnen pflegt. Aber alles dies sind nur Mittel, um die Individuen dazu zu bewegen, ihr Plazet zu geben. Sie »motivieren«, aber sie »nezessitieren« nicht.

d) Bestimmungen

Nach den letzten Ausführungen könnte es so scheinen, als erschöpfte sich die Aktivität des Staates in Rechtssetzungen. Das sollte keineswegs gesagt werden. Wir haben uns nur vorzugsweise an diese Akte gehalten, um daran das kardinal wichtige Verhältnis von Staat und Recht in Klarheit herauszustellen. Zur Ergänzung – auch im Interesse dieser Frage – ist nun eine Prüfung der anderen möglichen Akte erforderlich, die in den Bereich des Staatslebens fallen. Wir knüpfen dabei an *Reinachs* Scheidung von *Bestimmungen* und *Befehlen* an, auf die wir schon an einer früheren Stelle anspielten. Beides sind soziale Akte, d. h. sie wenden sich an fremde Personen. Aber die Bestimmungen tun es nur, um festzusetzen, was für den Bereich von Personen, an die sie sich wenden, als Recht gelten soll, ohne irgendeine bestimmte Person damit zu einem aktuellen Verhalten bewegen zu wollen. Ein Befehl dagegen ist allemal an eine ganz bestimmte Person (oder auch eine Gruppe von Personen) gerichtet und hat den Sinn, eine Aktion dieser Person in Gang zu bringen, analog wie ein Willensakt darauf abzielt, eine Aktion der wollenden Person selbst in Gang zu bringen. Zwischen den Akt der Bestimmung und das Verhalten der Personen, auf das er eventuell Einfluß gewinnt, schiebt sich die Sphäre des geltenden Rechts, das durch solche Akte gesetzt wird. Beim Befehl sind die Personen und ihre Verhaltungsweisen unmittelbar in Kontakt.

Soziale Akte von der Art des Befehls (dieser war für uns zunächst nur ein Beispiel), in denen ein Subjekt mit anderen unmittelbar in Kontakt tritt, nehmen im Leben des Staates keinen geringeren Raum ein als die Bestimmungen. Diese selbst erfordern ihrem Sinne nach eine Ergänzung durch jene anders gearteten Akte. Gerade weil die Bestimmungen es ihrem Inhalt nach mit möglichen Verhaltungsweisen von Personen zu tun haben, ohne auf ein aktuelles Verhalten bestimmter Personen abzuzielen, bedarf es besonderer Akte, mittels deren sie an das Verhalten der Personen, für die sie gelten sollen, herangebracht werden. Zunächst impliziert jede Bekanntmachung eines Gesetzes einen Befehl: der Gesetzgeber befiehlt den Personen seiner Herrschaftssphäre, sich in ihrem Verhalten nach dem Inhalt der gesetzlichen Bestimmungen zu richten. Der Befehl ist ein bedingter und evtl. befristeter. Er sagt nicht: ihr sollt jetzt das und das tun, sondern: wenn einer von euch jetzt oder künftig (evtl. innerhalb eines bestimmten Zeitabschnittes) in die und die Lage kommt, hat er sich so und so zu verhalten. Die Bedingtheit und Befristetheit hebt den Charakter des Befehls als solchen nicht auf: es bleibt das unmittelbare Sich-Richten an die Personen und das Abzielen auf ein aktuelles Verhalten.

Neben diesem mit jeder gesetzlichen Bestimmung verknüpften Befehl sind andere Akte heranzuziehen, die nicht in jedem Falle als Ergänzung der Bestimmung erforderlich sind, deren ergänzende Funktion aber durch den Charakter der Bestimmungen als möglich vorgezeichnet ist. Bestimmungen sind dazu da, befolgt zu werden. Darin erfüllt sich ihr Sinn. Es ist möglich, daß die Personen, für die sie gelten, auf Grund der »Anerkennung« der Recht setzenden Gewalt ohne weiteres bereit sind, sich den Bestimmungen zu unterwerfen, und im einzelnen Falle auch Bescheid wissen, daß Umstände vorliegen, die unter eine solche Bestimmung fallen. Dann bedarf es keiner Vermittlung zwischen Gesetz und Erfüllung, das Gesetz (sc. im Verein mit dem erwähnten zugehörigen Befehl) entfaltet unmittelbar seine praktische Wirksamkeit. Es kann aber auch sein, daß eine Vermittlung notwendig wird. Jeder Befehl muß »vernommen« werden, wenn er seinen Sinn erfüllen soll; daß der mit dem Erlaß verbundene Befehl von allen vernommen wird, an die er adressiert ist und die in die Lage kommen können, ihn erfüllen zu müssen, ist aber durch den Erlaß selbst nicht ohne weiteres garantiert. Es kann vorkommen, daß eine gesetzliche Bestimmung zunächst schon gar nicht allen »zu Ohren kommt«, an die sie adressiert ist. Es ist ferner möglich, daß sie wohl ihrem Wortlaut nach vernommen, aber nicht ihrem Sinne nach verstanden wird. Und schließlich kann die Bestimmung verstanden sein, ohne daß im einzelnen Fall durchschaut ist, daß er unter die Bestimmung fällt. Dann sind allemal die Bedingungen nicht erfüllt, die für die Vernehmung eines Befehls (im strengen Sinne) vorausgesetzt sind und damit zugleich für seine Ausführung. Denn einen Befehl vernehmen sensu stricto heißt nicht bloß merken, daß man irgend etwas tun soll, sondern es gehört dazu das ganz konkrete Verständnis dessen, was einem vorgeschrieben wird. Dem Befehlsempfänger darf nichts als die Ausführung des Befehls überlassen bleiben (falls ihm nicht ausdrücklich ein gewisser Spielraum für eigene Initiative offen gehalten wird, der dann selbst fest umrissen sein muß). Dafür zu sorgen, daß ein Befehl in dieser Weise mindestens vernommen werden kann, ist Sache dessen, der ihn erteilt. So muß der Staat, wenn er Bestimmungen erläßt und befiehlt, sie zu befolgen, dahin wirken, daß sie den Staatsbürgern zu Ohren kommen, von ihnen verstanden werden und auf die praktischen Fälle angewendet werden können. Das erste ist zu erreichen durch eine bestimmte Form der Gesetzesverkündigung, die der Staat durch eigens darauf abzielende Befehle und eventuelle Bestimmungen anordnen kann. Deren Eigentümlichkeit im Gegensatz zu den Bestimmungen und dem Befehl, die sie erforderlich machen, besteht darin, daß sie nicht an alle Staatsbürger adressiert sind, sondern nur an einen beschränkten Kreis von Personen, die jeweils im Namen des Staates mit der Gesetzesverkündigung betraut sind. Solche Vertreter zu bestellen, das gehört selbst zum Inhalt der Bestimmungen bzw. Befehle, die im Gefolge des Erlassens von Bestimmungen überhaupt erforderlich werden.

Das Verständlichmachen des Inhalts von Bestimmungen ist durch fortlaufende *Interpretation* zu erreichen. Diese Interpretation muß vom Staate selbst bzw. durch von ihm eingesetzte oder mindestens anerkannte Organe geleistet werden. Wollte er sie privatem Gutdünken freigeben, so würde er riskieren, daß sich ein fremder Wille zwischen ihn und seine Bürger stellte, oder doch, daß sein Wille ohne Absicht gefälscht würde und nicht bis zu den Stellen gelangen könnte, wo er seine praktische Wirksamkeit entfalten sollte. Im ersten Fall wäre die Souveränität durchbrochen, im zweiten wäre ein fehlerhaftes Funktionieren der Staatsmaschinerie die Folge.

Die Einsetzung von Organen, denen die Interpretation obliegt, geschieht wiederum durch Befehle bzw. Bestimmungen des Staates. Die Interpretationstätigkeit selbst dagegen vollzieht sich – mindestens teilweise – in Akten anderer Art. Dem Hauptbestande nach handelt es sich um rein intellektuelle Akte, in denen der Sinnesgehalt – den Bestimmungen nach – vollzogen und expliziert wird. Daneben freilich enthält jede solche »staatlich autorisierte« Interpretation eine Bestimmung des Inhalts, daß die zu interpretierende Bestimmung so verstanden werden *soll*, wie sie sie interpretiert. Gerade dieses Moment schließt es aus, daß der Staat die Interpretation seiner Bestimmungen aus der Hand geben kann.

Das letzte, was dem Staat im Interesse der Durchführung seiner Bestimmungen obliegt, ist die Beurteilung der einzelnen Fälle, in denen sie zur Anwendung kommen müssen, durch von ihm bestellte oder anerkannte Organe, und das praktische Veranlassen der Durchführung. Nimmt man an, daß das einzige Hindernis in der mangelhaften »Urteilskraft« der betroffenen Personen liegt, so ist die Leistung der staatlichen Organe eine rein theoretische: die Entscheidung darüber, ob ein vorliegender Fall unter eine Bestimmung und unter welche er fällt. Die Mitteilung dieser theoretischen Entscheidung an die Personen, denen die Durchführung obliegt, würde die Aktion ohne weiteres in Gang bringen. So ist die Sachlage vornehmlich dann, wenn die Bürger von sich aus die Entscheidung der staatlichen Organe anrufen, um in Erfahrung zu bringen, was sie zu tun haben. Daneben besteht die Möglichkeit, daß die staatlichen Organe aus eigener Initiative an die Prüfung der Fälle herangehen und daß neben der theoretischen Entscheidung Akte der Aufforderung an die betreffenden Personen, sich im Sinne der Entscheidung zu verhalten, notwendig werden, eventuell Strafandrohungen und Zwangsmaßnahmen, um die Durchführung zu bewirken.

Die Interpretation von Bestimmungen und die theoretische Entscheidung über die einzelnen Fälle, die zu ihrem Anwendungsbereich gehören, könnte man unter dem Titel *»Rechtsprechung«* zusammenfassen und der Recht*setzung* – dem ursprünglichen Erlassen von Bestimmungen – gegenüberstellen. Sie sind als Akte spezifisch verschieden. Die *theoretischen* Akte, die den Hauptbestand der Rechtsprechung ausmachen, sind nicht im selben Sinne spontan wie die Bestimmungen. Was als Recht gesetzt werden soll, steht im Belieben des Recht setzenden Subjekts; was wir als Recht vorfinden, ist von unserer Willkür unabhängig. Freilich ist es Sache unserer Spontaneität, ob wir die Denkschritte vollziehen wollen, die zur Interpretation und Analyse von Rechtsbestimmungen und Rechtsfällen erforderlich sind. Haben wir uns aber für eine solche theoretische Aufgabe entschieden, so unterstehen wir der Normgebung der Vernunft, die einen ganz bestimmten Weg für die Lösung der Aufgabe vorschreibt.

Was außer der theoretischen Leistung zur Rechtsprechung gehört, weicht in anderer Richtung von den Recht setzenden Akten ab. Jene theoretische Leistung ist ja innerhalb der Rechtsprechung nicht Selbstzweck, sondern hat die Funktion, die Durchführung der Rechtsbestimmungen praktisch möglich zu machen. Die Rechtsprechung entscheidet nicht nur, sondern *sagt Bescheid* . Sie wendet sich damit unmittelbar an diejenigen, die es angeht, und vermittelt den Kontakt, der den Bestimmungen als solchen fehlt.

Die unmittelbare Berührung mit den betroffenen Personen teilt die Rechtsprechung mit den anderen Akten, die wir nicht mehr ihr selbst zurechnen, sondern die eventuell zu ihrer Ergänzung notwendig sind, um die Durchführung von Bestimmungen zu erreichen: staatliche Aufforderungen, Ermahnungen, bestimmt adressierte Befehle, Strafandrohungen, Strafvollzug. Soweit solche Akte der Durchführung von Bestimmungen dienen, können wir sie noch mit zur *Rechtspflege* (im weitesten Sinne, der Rechtsetzung, Rechtsprechung und »exekutive« Akte umspannt) rechnen.

Es ist aber nun die weitere Frage zu stellen, ob denn alles staatliche Leben sich auf den Erlaß von staatlichen Bestimmungen und ihre Durchführung beschränkt oder ob nicht auch ganz losgelöst davon staatliche Akte möglich sind.

Der Staat tritt als *Unternehmer* auf: nach außen im Krieg, bei der Kolonisation, bei der Anknüpfung von Handelsbeziehungen usw.; nach innen mit der Gründung von Schulen, von sozialen Einrichtungen, der Einleitung von Finanzaktionen und dergleichen. In allen solchen Fällen, so scheint es, ist er frei tätig ganz unabhangig von seiner gesetzgeberischen Funktion. Hier scheint er uns erst recht eigentlich als *regierend* entgegenzutreten. Er schreibt damit nicht bloß Formen für mögliche Aktionen vor, sondern er *schafft* etwas, er vollbringt konkrete Leistungen, in deren Dienst er die Personen seines Herrschaftsbereiches stellt. Dies ist die eigentliche Domäne seiner *Befehlstätigkeit* . Er kann Unternehmungen nur dann durchführen, wenn ihm Personen zur Verfügung stehen, die sich dafür hergeben. Aber *er* ist es, von dem sie ausgehen, und er weist den Personen ihre Rollen für die Ausführung zu. Dabei bedeutet das »von ihm ausgeben« – wie bei jedem Befehl – nicht, daß der Befehlserteiler notwendig auch die *gedankliche* Initiative haben müsse. Wenn der Staat auf ein privates Unternehmen seine Hand legt, so wird es zu einem staatlichen nicht durch Änderung der Pläne, sondern rein durch die Übernahme der Leitung. Das ist das Entscheidende beim Befehl: es ist sein Sinn, daß durch die Spontaneität eines Subjekts das Verhalten anderer in Gang gebracht werden soll. Der Befehlende ist als solcher dadurch gekennzeichnet, daß die Spontaneität auf seiner Seite liegt. Wie zu jedem spontanen Akt – etwa zum Willensakt, in dem das Subjekt sich selbst zu einem künftigen Verhalten bestimmt –, so gehört auch zum Befehl eine anders geartete Grundlage. Wohin er dirigieren soll, das wird ihm durch Überlegungen, Wünsche und dergleichen nahegelegt. Seine Sache ist nur das Dirigieren selbst. Jene Grundlagen können dem Befehlenden von anderen an die Hand gegeben werden. Es kommt nur darauf an, daß er sie sich zu eigen macht, und darauf gestützt nun den Befehl erteilt. Der Befehl ist seinen Grundlagen gegenüber durchaus als eine neue Aktion gekennzeichnet, und der Befehlende ist sein absoluter Auslaufspunkt. Gegenüber anderen Akten, die ebenfalls darauf abzielen, ein fremdes Verhalten in Gang zu bringen – wie Bitte, Aufforderung und dergleichen –, ist der Befehl dadurch ausgezeichnet, daß dort das veranlassende und das ausführende Subjekt beide mit ihrer Spontaneität beteiligt sind, während hier die Spontaneität ganz auf Seiten des ersten liegt. Dort handelt es sich um zwei Aktionen, von denen die eine durch die andere motiviert wird, hier um eine einzige Aktion. Was der Ausführende »tut«, das vollzieht – prägnant gesprochen – die befehlende Person durch ihn. Freilich ist – wie schon an einer früheren Stelle betont wurde – die Freiheit einer Person niemals auszuschalten. Die Situation ist aber im Falle des Befehls so, daß die Zustimmung des Ausführenden, sich als Willensorgan des Befehlenden herzugeben, bereits vorausgesetzt ist. In dieser Zustimmung kommt seine Freiheit zum Ausdruck. Innerhalb des Zusammenhangs: Befehl erteilen – empfangen – ausführen hat sie keine Funktion mehr. Daß diese Zustimmung zeitlich vorausgegangen sein müßte, daß etwa ein ausdrücklicher Akt der Unterwerfung unter den Willen des Befehlenden stattgefunden haben müßte, ist damit nicht gesagt. Es handelt sich lediglich um eine *sachliche* Voraussetzung, die aus dem Sinn des Befehls zu entnehmen ist. Wo sich zwischen Empfang und Ausführung eine Überlegung einschiebt, ob man dem Befehl Folge leisten soll oder nicht, und eine darauf gegründete freie Entscheidung, da ist der *Sinn* des Befehls *als Befehl* nicht rein erfüllt. (Das schließt natürlich nicht aus, daß ein solches Verhalten einem Befehl gegenüber aus Vernunftgründen geboten sein kann. Der Fehler liegt dann auf Seiten des Befehls: entweder in seinem Inhalt oder darin, daß die sinngemäßen Voraussetzungen für die Erteilung des Befehls gar nicht vorlagen.)

Wo die Bedingungen für die Erteilung eines Befehls gegeben sind, da besteht ein *Herrschafts*verhältnis. Den Befehlen eines anderen zu unterstehen ist mit *Souveränität* unvereinbar. Darum mußten wir sagen, daß es zum Staat unaufhebbar gehört, seine Akte *von sich aus* zu vollziehen und darin an keinen anderen Willen gebunden zu sein. Es ist aber aus dem Sinn des Befehlens noch mehr zur Erläuterung des Souveränitätsbegriffs zu entnehmen. Daß der Staat sich selbst in der Hand hat, dazu gehört, daß er die Personen seines Bereichs in der Hand hat. Er kann ihnen wohl die Freiheit lassen, sich von sich aus zu betätigen, und kann auch Herrschaftsverhältnisse unter ihnen bestehen lassen, aber er muß sich die Möglichkeit wahren, sie in den Dienst seiner Aktionen zu ziehen, und kein Herrschaftsverhältnis innerhalb seiner Sphäre bzw. zwischen Personen, die ihr angehören, und außerhalb stehenden Befehlsgewalten darf ihm gegenüber unantastbar sein. Sie bestehen nur, sofern er sie duldet, und können jederzeit durch ihn ausgeschaltet werden. Er ist prinzipiell die Zentralstelle, der die Leitung der gesamten Aktivität innerhalb seines Gebiets zusteht, und es hängt von ihm ab, wie weit er faktisch davon Gebrauch machen will.

Wir wollen die Befehlsakte des Staates als Akte des *Regierens* bezeichnen; und wir müssen sagen, daß sie ebenso wesentlich zu ihm gehören wie das Rechtsetzen. Beide Tätigkeiten fordern einander gegenseitig. Die Bestimmungen sind für ihre Durchführung auf Regierungsakte angewiesen. Und die Regierungsakte, die nicht im Dienst von Bestimmungen stehen, erfordern ihrerseits gelegentlich rechtliche Bestimmungen als Instrument zu ihrer Durchführung: Bestimmungen über die Einsetzung von Organen für gewisse Regierungshandlungen, für die Verteilung ihrer Funktionen usw.

Wir haben nun die Frage zu prüfen, ob es sich um zwei im strengen Sinne nebengeordnete Betätigungsweisen des Staates von selbständigem Charakter handelt, die nur im konkreten Staatswesen ergänzend ineinander greifen, oder ob noch ein letzter Fundierungszusammenhang besteht. Es ist wichtig, das festzustellen, weil sich danach erst das Verhältnis von Staat und Recht völlig bestimmt. Daß mit jedem Akt der Bestimmung von Seiten des Staates ein Befehl verbunden ist, haben wir bereits gesehen. Und es leuchtet auch ohne weiteres ein, daß das Regieren das eigentliche Staatsleben sei. Ob es aber nicht einen Staat geben könnte, dessen Tätigkeit sich im Regieren erschöpfte, ohne sich dabei auf ein geltendes Recht zu stützen, davon haben wir uns noch nicht überzeugt.

Wenn der Staat Befehle erteilt, so meint er dabei nicht willkürlich zu verfahren: d. h. der *Inhalt* der Befehle ist wohl in sein Belieben gestellt, aber das Erteilen von Befehlen als solches nimmt er als sein *Recht* in Anspruch. Staat sein heißt das Recht haben, über seinen Herrschaftsbereich zu verfügen, d. h. frei zu befehlen. Wenn wir früher gesagt haben: »das erste Recht, was gesetzt wird, ist das Recht, Recht zu setzen«, so müssen wir jetzt hinzufügen »… und zu regieren«. Man könnte auf den Gedanken kommen, so zu argumentieren: wenn das Recht zu regieren und Recht zu setzen gesetzt wird, so geht eben dieser Akt des Setzens dem Recht voraus und der Staat betätigt sich damit in einer noch nicht rechtmäßigen Weise. Aber dieser Gedankengang ist irreführend. An ein *zeitliches* Vorausgehen der »vorausgesetzten« Rechtsetzung ist überhaupt nicht zu denken. Indem der Staat einen Akt vollzieht – sei es eine Rechtsetzung oder ein Befehl –, muß er das seinem eigenen *Sinne* nach als sein Recht in Anspruch nehmen. Staat und Recht treten miteinander ins Leben. D. h., wo ein Staat ist, da ist auch der Idee nach ein positives Recht vorhanden, selbst wenn noch keine einzige rechtliche Bestimmung ausgesprochen ist. Umgekehrt ist da, wo ein positives Recht vorliegt, auch ein Staat als seine letzte Quelle gefordert, selbst wenn sich noch keine Staatsgewalt etabliert hat, die letzte Entscheidung in Rechtssachen für sich in Anspruch nimmt.

So unaufhebbar wie Befehl und Bestimmung gehört kein anderer Akt zum Leben des Staates. Was wir früher erwähnten: Auffordern, Ermahnen und dergleichen, das steht ihm frei und es wird gelegentlich zur Anwendung kommen, um der Durchführung von Befehlen und Bestimmungen nachzuhelfen. Man greift darauf zurück, um mögliche »Reibungen« zu überwinden, aber es ist prinzipiell denkbar, daß das Staatsleben reibungslos verliefe und solcher Hilfsmittel gar nicht bedürfte. Eine Einschränkung ist hier noch nötig zugunsten der Akte, die – wie das Strafen – als praktische Rechtsmaßnahmen anzusehen sind. Sie sind zwar den Bestimmungen und Befehlen gegenüber von sekundärer Bedeutung, gehören aber zu dem Bereich von Akten, die der Staat prinzipiell sich vorbehalten muß und die von anderen nur mit seiner ausdrücklichen oder stillschweigenden Genehmigung vollzogen werden können.

Etwas Analoges gilt von allen Akten, die eine Verbindung mit anderen Staaten aufnehmen. Sie sind prinzipiell Sache des Staates und nicht von Privatpersonen. Das darf nicht mißverstanden werden: sich mit fremden Staaten zu beschäftigen, ihre Eigenart, ihre Geschichte zu erforschen u. dgl., sie zu bewundern oder zu verabscheuen – das bleibt natürlich dem einzelnen überlassen. Es könnte sich wohl einmal ein Staat einfallen lassen, auch das zu verbieten (soweit ein Verbot dabei sinnvoll ist, was bei der Bewunderung z. B. nicht der Fall wäre). Aber ein solches Verbot ließe sich nicht mit Berufung auf das, was der Staat als solcher für sich in Anspruch nehmen muß, rechtfertigen. Was wir als prinzipiell dem Staate vorbehaltene Domäne im Auge hatten, sind vielmehr Akte, die eine Bindung an den Staat zur Folge haben, d. h. rechtswirksame Akte (wie Abschließen von Verträgen), und solche, die darauf hinarbeiten (Unterhandlungen und dergleichen). Daß solche Akte, soweit sie eine Bindung des Staates zur Folge haben sollen, nur vom Staate vollzogen werden können, bedarf keiner Erörterung. Dagegen muß untersucht werden, ob auch dort, wo es sich um eine Bindung von Privatpersonen handelt, der Staat betroffen ist. Zweifellos wäre da, wo Staatsbürger ohne Mitwirkung des Staates Verpflichtungen auf sich nähmen, an denen er nicht rütteln könnte, die Souveränität durchbrochen. Wo also ein Staat im vollen Sinne des Wortes vorhanden ist, da können die Bürger nicht ohne ihn eine Bindung nach außen eingehen. Das bedeutet nicht, daß in jedem einzelnen Falle eine aktuelle Mitwirkung erforderlich ist. Sie kann ersetzt werden durch staatliche Bestimmungen, die ein für allemal vorschreiben und damit auch bewirken, welche Akte ihrer Bürger bindende Kraft haben und welche nicht; Akte, denen der Staat – mittels seiner Bestimmungen – seine Zustimmung versagt, sind von vornherein nichtig. Und das betrifft nicht nur die – an sich betrachtet – rechtswirksamen Akte, die vom Staat für unwirksam erklärt werden, sondern auch schon diejenigen, die zu ihrer Vorbereitung dienen.

Alle Akte, die wir als zur spezifischen Domäne des Staates gehörig erkannt haben, waren *soziale*. Wir müssen untersuchen, ob dem eine prinzipielle Bedeutung zukommt. Bei dem, was wir als Rechtsprechung bezeichneten, fanden wir einen Bestand, der von dem sozialen bzw. fremdpersonalen Faktor ablösbar ist: die Interpretation von Bestimmungen und die Beurteilung von Fällen, sofern darin eine rein intellektuelle Leistung zu sehen ist. Wir haben bereits gesehen, daß intellektuelle Betätigung und des weiteren alle Kenntnisnahmen und Stellungnahmen überhaupt nicht zur spezifischen Domäne des Staates gehören. Soweit es sich dabei um *spontane* Akte handelt – etwa um die artikulierten Denkschritte, die zur Vorbereitung gewisser Kenntnisnahmen erforderlich sind –, ist ein Eingreifen des Staates noch sinnvoll möglich. Darüber hinaus sind die Akte nicht nur nicht seine Sache, sondern seinem Zugreifen, wie allem willentlichen Zugreifen überhaupt, prinzipiell entzogen.

Eine weitere Frage ist es, ob der Staat zu diesem Gebiet, das nicht seine eigentliche Domäne ist, überhaupt einen Zugang hat, ob er fähig ist, Kenntnisnahmen und Stellungnahmen von sich aus zu haben. Daß alle Akte des Staates von individuellen Personen oder Personengruppen, die ihn vertreten, vollzogen werden müssen, wissen wir bereits. Es könnte aber sein, daß die »Vertretung« nicht bei allen Arten von Akten denselben Sinn hat. Da, wo Vertretung sensu stricto vorliegt, können wir sagen: der Staat vollzieht die betreffenden Akte *durch* seine Vertreter, *er* ist ihr Subjekt. So kann der Staat beschließen, befehlen, bestimmen, versprechen, sich verpflichten usw. Kann man in derselben Weise auch sagen: der Staat denkt, überlegt, erfährt; er grollt, er trauert und dergleichen? Offenbar handelt es sich – im Gegensatz zu den vorher erwähnten Fällen – um eine bloße façon de parler, wenn man solche Redewendungen gebraucht. Kenntnisnahmen und Stellungnahmen sind erforderlich als Grundlagen für die Akte, die der Staat vollzieht. Aber in ihren Besitz zu gelangen ist Sache der Personen, die zu seinem Bereich gehören. Er muß sich ihrer zu diesem Zweck bedienen, er kann sie auch eigens dafür anstellen: dann sind sie es, die für ihn wahrnehmen, überlegen, fühlen, Stellung nehmen – daß er selbst es durch sie tut, kann man nicht sagen. So beschränkt sich das eigentliche Leben des Staates auf die *Sphäre der Freiheit* in prägnantem Sinne. (Es schalten davon auch die Akte aus, die ein Moment der Spontaneität an sich haben, aber im Dienst von passiven Akten – wie die Kenntnisnahmen es sind – stehen, also etwa die Denkakte.) Daß jeder Akt, der als Akt des Staates in Anspruch genommen werden soll, *sozialer* Natur sein müßte, kann man nicht ohne weiteres sagen. Ein Beschluß z. B. braucht nicht an irgendwelche Personen adressiert zu sein. Doch gehört es zum Wesen der staatlichen Akte, daß auch diejenigen, die einer solchen Adressierung entbehren, mittelbar oder unmittelbar gewisse soziale Auswirkungen haben.

Was sich aus den Feststellungen über die prinzipiell zum Leben des Staates gehörigen Akte und ihre Grundlagen für die Ausbildung staatlicher Organe ergibt, das soll uns an anderer Stelle beschäftigen. Zunächst kam es nur darauf an zu ergründen, worin das eigentliche Leben des Staates als solchen besteht.

e) Souveränität als condicio sine qua non des Staates

Alle diese Feststellungen dienen dazu, uns die Souveränität und damit das Wesen des Staates in klarerem Lichte zu zeigen. Souveränität als Selbstgestaltung eines Gemeinwesens und Freiheit der individuellen Person gehören untrennbar zusammen. Nur ein Gebilde, das freie Personen in sich befaßt, kann sich als souverän erklären oder durch die Praxis als souverän erweisen. Die für die Souveränität konstitutive Schranke, daß die Freiheit der Individuen durch den Willen dieses Gebildes bzw. der es repräsentierenden Körperschaft nicht aufgehoben ist, sondern Bedingung seiner Umsetzung in die Tat bleibt, ist nicht als eine Einschränkung der Souveränität anzusehen. Die »uneingeschränkte Staatsgewalt« besteht eben wesenhaft nur, sofern sie anerkannt wird, und kann jeden Moment tödlich getroffen werden. Die Gewähr für ihr Bestehen bieten die Motive, die ihre Anerkennung nahe legen. Und das macht das eigentümlich Schwebende am Staate aus: daß das, was ihn zum Staate macht – seine rechtliche Natur – seine Existenz nicht zu verbürgen vermag. Diese wird gesichert durch ein Fundament, das ihm außerwesentlich ist. Die stärkste Sicherung liegt vor, wenn der Personenverband, der vom Staat mit Beschlag belegt wird, schon vorher als Gemeinschaft bestanden hat; wenn das Recht, das ihm gesetzt wird, nur Sanktion ursprünglich entstandener Gemeinschaftsverhältnisse ist oder doch in der Richtung der Tendenzen des Gemeinschaftslebens liegt. Schließlich, wenn das Individuum oder die Körperschaft, die sich als Staatsgewalt konstituieren, den Personen, die ihrem Herrschaftsbereich zugehören, als die berufenen Führer erscheinen, und zwar möglichst in der selbstverständlichen Weise, daß die Berechtigung der Führerschaft gar nicht zum Problem wird. Wo diese Grundlagen für ein gesundes Staatswesen fehlen, da können prinzipiell an ihre Stelle Zwangsmittel treten, welche die Staatsgewalt instand setzen, sich die Anerkennung in der von ihr beanspruchten Herrschaftssphäre zu sichern, sie durch einen gewissen Druck den widerstrebenden Individuen abzunötigen. Das ist *prinzipiell* möglich – d. h. ein solcher Staat wäre nicht weniger *Staat. Faktisch* werden Zwangsmittel nie imstande sein, jene anderen Sicherungen ganz zu ersetzen, wie sie andererseits zur Ergänzung jener kaum zu entbehren sein werden.

Es ergibt sich schließlich als Konsequenz unserer Ausführungen eine Antwort auf die Frage, wer der *Träger der Souveränität* sei. Das ist ja vielfach umstritten worden. Auf der einen Seite stehen die Theoretiker der absoluten Monarchie, die sie für den Monarchen in Anspruch nehmen. Auf der anderen Seite die Vertreter der Volkssouveränität, welche sie der Gesamtheit der zum Staat gehörigen Individuen zuschreiben (gleichgültig, ob als ein unveräußerliches Eigentum oder als eines, das sie zugunsten eines Monarchen bzw. einer vertretenden Körperschaft aufgeben können oder auch müssen). Beide Parteien haben unrecht. Souverän ist der Staat bzw. die Staatsgewalt, die ihn verkörpert, nicht aber ihre Inhaber. Wenn das gesamte Volk sich als Staatsgewalt konstituiert, so ruht die Souveränität bei ihm; ist es ein Monarch, so erscheint sie in seinen Händen konzentriert. Sie setzt immer einen Herrschaftsanspruch und seine Erfüllung durch die Anerkennung der Betroffenen voraus. Sie kommt weder der einen noch der anderen Seite »ursprünglich« zu, und es ist ein Spezialfall ohne prinzipielle Bedeutung, wenn Herrschende und Beherrschte zusammenfallen. Damit bestätigt sich, was wir früher schon feststellten: daß von der Idee des Staates aus keine der möglichen Staatsformen einen Vorzug verdient.

Wir haben die Souveränität zu verstehen gesucht, indem wir ihre Zusammenhänge mit der Freiheit der Individuen betrachteten, die das Fundament des Staates bilden. Diese Zusammenhänge machen uns eine Analogie begreiflich, die sich aufdrängt, noch ehe man die Fundierungsverhältnisse durchschaut hat.

f) Der Staat als juristische Person

Im Aufbau des Staates spielt die Souveränität eine analoge Rolle, wie in der Struktur der individuellen Person die Freiheit. Frei nennen wir die Person, sofern sie die Vollzieherin spontaner Akte ist und darin sich selbst regiert. Und diese Freiheit ist unabtrennbar von der Personalität. Souveränität ist Freiheit im selben Sinn, nur mit dem Unterschied, daß das, was sich selbst regiert, hier ein soziales Ganzes ist und alle Akte dadurch entsprechend modifiziert. Und wenn ein Staat seiner Souveränität beraubt und den Bestimmungen und Befehlen eines anderen unterworfen ist, so ist er seiner Staatlichkeit entkleidet, ebenso wie ein Individuum, das unter Ausschaltung aller Spontaneität an den Willen eines anderen gekettet ist, seiner Personalität.

Die Parallelität von persönlicher Freiheit und staatlicher Souveränität macht es verständlich, warum man vorzugsweise den Staat und nicht so sehr das Volk als »Person« in Anspruch zu nehmen geneigt ist, obwohl in anderer Hinsicht (man denke an Charaktereigenschaften) das Volk der individuellen Persönlichkeit näher zu stehen scheint. Das Volk ist – seinem wesentlichen Bestande nach – eine Gemeinschaft von Personen und kann freie Akte vollziehen. Aber die Freiheit, die das Spezifikum der Personalität ist, spielt hier nicht dieselbe konstitutive Rolle wie dort. Das Leben des Volkes verläuft zum großen Teil in Form von Stellungnahmen und triebhaftem Tun. Das Leben des Staates ist ganz und gar im Bereich der Freiheit beschlossen, es erschöpft sich in freien Akten. Wo wir auf den Staat stoßen, da tritt er uns in freien Akten entgegen, und eben damit als zusammengeraffte Einheit; wie ja auch die individuelle Person im Wollen und Handeln und in allen sonstigen Verhaltungsweisen, bei denen sie sich selbst fest in der Hand hat, die Eigentümlichkeit der personalen Einheit sichtbarer dokumentiert als etwa, wenn sie an Zuständlichkeiten, Strebungen, Stellungnahmen und dergleichen hingegeben ist, die mannigfach und auseinanderstrebend sein können und zu sein pflegen.

Bei alledem sehen wir wiederum die Unmöglichkeit, den Staat in sich selbst abzuschließen, seine Angewiesenheit auf ein anders geartetes Fundament. So wenig eine individuelle Person ausschließlich wollen und handeln kann – weil es ja dazu der Antriebe bedarf –, so wenig sind die Aktionen des Staates denkbar ohne das mannigfaltige Getriebe eines Gemeinschaftslebens, das ihnen Inhalt und Richtung gibt.

Die eigentümliche Struktur der freien Akte, die sie unablösbar an die Individualität bindet, und auf der anderen Seite die Eigentümlichkeit des Staatslebens, in der Form freier Akte vor sich zu gehen, macht es begreiflich, daß der Staat nach einer einheitlichen Spitze verlangt. Jeder freie Akt – und zwar der Willensentschluß sowohl als die Handlung, die ihn zur Ausführung bringt – bedarf eines Impulses, eines »fiat!«. Und das ist immer Sache einer individuellen Person. So muß auch jede staatliche Aktion von einer »individuellen Person eingeleitet werden. *Jellinek* unterscheidet Monarchie und Republik danach, ob der staatliche Wille der einer »individuell bestimmten, sichtbaren, lebendigen Person« oder »lediglich als Wille eines nur juristische Realität besitzenden Kollegiums erscheint.« Ohne vorläufig danach zu fragen, was wir uns unter der »juristischen Realität« zu denken haben, wollen wir nur feststellen, daß in der Republik ebenso wie in der Monarchie für jede staatliche Aktion eine individuelle Person erforderlich ist, die sie in Gang bringt. Es braucht nicht – wie in der Monarchie – immer dieselbe Person zu sein, in der »alle staatlichen Funktionen ihren Ausgangspunkt und daher auch ihren Einigungspunkt« haben. Dieses Zusammenlaufen in einer Hand hat nur eine symbolische Bedeutung. Prinzipiell können es verschiedene Personen sein, die für verschiedene Funktionen die Rolle des Auslaufspunktes übernehmen. Aber niemals kann eine Körperschaft dafür eintreten. Beschlüsse können in der früher entwickelten Weise von einer Körperschaft gefaßt werden; und wo alle staatlichen Aktionen von den Beschlüssen einer Körperschaft abhängen, kann diese als »Staatsregierung« gelten und man kann von einer kollegialischen Spitze des Staates sprechen. Auch die Ausführung der beschlossenen Aktionen kann eine gemeinsame sein, wobei eine Verteilung der Rollen auf die Mitglieder des Regierungskollegiums und eventuell auf eine Reihe von untergeordneten Organen stattfinden kann. Aber abgesehen davon, daß jeder *seinen* Anteil an der Handlung mit seinem eigenen »fiat!« einleitet, muß auch die *gesamte* Handlung von einem Individuum ins

Rollen gebracht werden. Ob dies nun von der dirigierenden Persönlichkeit aus eigener Initiative übernommen wird, ob in jedem einzelnen Falle jemand als ausführendes Organ (in diesem speziellen Sinne) bestimmt wird oder ob für jede staatliche Funktion ein für allemal vorgesehen ist, wer dabei die Initiative übernimmt – das ist gleichgültig.

Es bleibt noch zu fragen, ob die vorhin erwähnte Scheidung zwischen »psychologischer« und »juristischer« Willensbildung – und entsprechend von psychologischer oder (wie man sogar zu sagen pflegt) psychischer Person einen vollziehbaren Sinn gibt. Wir haben gesehen, wie ein gemeinschaftlicher Willensakt sich von einem individuellen unterscheidet. Er ist nur dank der Mitwirkung individueller Willensakte möglich; aber gerade darum kann keine Rede davon sein, daß ihm eine geringere Realität zukäme als diesem oder daß er kein psychologisches Faktum sei, während sie es sind. Es gibt freilich einen möglichen Sinn, der sich mit dem Ausdruck »juristische Realität« verbinden läßt. Nämlich das eigentümliche Sein von Rechtsgegenständlichkeiten, die aus rechtswirksamen Akten erwachsen (wie ein Anspruch, eine Verbindlichkeit, ein Vertrag), und das »Gelten« des positiven Rechts. *Dieses* Sein ist durchaus zu scheiden von dem der Akte, denen es entspringt, und ferner auch von dem der Akte, die sich eventuell *nach* geltendem Rechte vollziehen. Was dies letzte zu bedeuten hat, ist noch zu erläutern. Unter einem »juristisch gebildeten Willen« kann man sich nichts anderes vorstellen als einen Willensakt, der in rechtlich vorgeschriebener Form vollzogen ist (z. B. das Votum einer Kammer, deren Verfahren verfassungsmäßig festgelegt ist). Ein solcher Willensakt ist ebenso als »psychische Realität« anzusehen wie ein anderer, der sich in seinem Verlauf nicht nach vorgeschriebenen Normen gerichtet hat. Es ist aus der Struktur der Akte selbst begreiflich zu machen, daß Normen auf ihren Verlauf einen Einfluß zu üben vermögen. Dies ist aber nicht erst bei korporativen, sondern schon bei individuellen Akten der Fall, und nur darum auch bei jenen. Man kann es sich selbst zur Vorschrift machen, daß man keinen Beschluß ohne »Überlegung« fassen will, d. h. ohne Erwägung des Für und Wider. Und *im Hinblick auf* diesen Vorsatz stellt man nun, wenn man in die Lage kommt, einen Entschluß zu fassen, die Überlegung an, auf Grund deren dann der Entschluß vollzogen wird. Nur soweit die Sphäre der Freiheit reicht, ist solches Dirigieren möglich. Freude und Leid, Hoffnung und Furcht und dergleichen kann man auf Grund eines Vorsatzes zurückzudrängen suchen, sobald sie in einem aufsteigen – weil das Zurückdrängen selbst in die Sphäre der Freiheit gehört –, man kann auch in Verbindung mit ihnen normgemäß etwas vornehmen – aber ihren positiven Verlauf kann man ihnen nicht vorschreiben. Aktionen dagegen kann man nach Belieben so oder so dirigieren und darum auch nach einem festgelegten Plan. Und weil das für die individuellen Akte gilt, lassen sich auch die korporativen, die sie aufbauen helfen, auf eine feste Form bringen. Wir können demnach unterscheiden zwischen einem naiven und einem gleichsam rationalisierten Willensvollzug (und zwar beides bei Individuen wie bei Körperschaften).

Ob es einen Sinn gibt, solchen rationalisierten Willensvollzügen eine eigene »juristische Realität« zuzuschreiben, das ist nur im Zusammenhang mit der Frage der »juristischen Person« zu beantworten. Von diesem Begriff sagt *Bernatzik* mit Berufung auf *Gerbers* »Grundzüge des Staatsrechts«, in denen er zuerst in diesem Sinne erörtert wurde: »er fällt uns seither zusammen mit dem Begriff der *Rechtsfähigkeit*, d. h. der Fähigkeit, Träger eines *subjektiven Rechts* zu sein.«

Was das ist: ein subjektives Recht, und was es heißt: Träger eines solchen Rechts sein, darüber müssen wir uns also zunächst Klarheit verschaffen. Als Eigentümer eines Vermögens habe ich das Recht, es nach meinem Belieben zu verwenden. Dieses Recht, das ich habe, ist weder ein an sich bestehender Sachverhalt wie jene »Rechte«, die in ihrer Gesamtheit den Bestand des reinen Rechts ausmachen, noch ist es eine geltende Bestimmung, derart wie sie jedes positive Recht aufbauen. Es gibt also »Recht« noch in einem dritten Sinn. Wir akzeptieren dafür den Terminus »*subjektives* Recht«, weil es ihm wesentlich ist, im Besitz eines Subjekts zu sein. Was ist der Grund dafür, es auch wieder als *Recht* zu bezeichnen? Der Umstand, daß es prinzipiell seinen Ursprung einem »objektiven« Recht, d. h. einem Sachverhalt des reinen oder der Bestimmung eines positiven Rechts verdankt, und ferner, daß es zu jenen spezifischen Rechtsgegenständlichkeiten gehört, die das Material für reine Rechtsverhalte wie für Bestimmungen des positiven

Rechts bilden. Wenn man von »natürlichen Menschenrechten« gesprochen hat, so kann diese Rede nur den Sinn haben: es sei a priori Recht, daß menschlichen Personen gewisse subjektive Rechte zustünden. (Die Richtigkeit dieses Satzes kann hier dahingestellt bleiben.)

Die Bedeutung des subjektiven Rechts können wir jetzt näher dahin präzisieren, daß ein Subjekt durch einen Rechtsverhalt bzw. durch eine Rechtsbestimmung ermächtigt wird, gewisse Akte zu vollziehen, oder daß ein Umkreis von Akten dadurch abgegrenzt ist, deren Vollzug durch das dazu berechtigte Subjekt für Recht erklärt wird. Das Subjekt ist derselben Akte auch fähig, unabhängig von allem geltenden und bestehenden Recht. Aber nur auf Grund eines objektiven Rechts stehen sie ihm »rechtmäßig« zu oder bilden sie den Inhalt eines subjektiven Rechts. Die Person, die Inhaber eines subjektiven Rechts geworden ist, hat dadurch eine neue Dignität erhalten. Sie ist selbst in den Bereich der spezifischen Rechtsgegenständlichkeiten eingetreten, und in diesem Sinne kann man ihr in der Tat eine besondere »juristische Realität« zusprechen. Und sofern gewissen Personen oder Personenverbänden die Form ihrer Willensbildung durch Rechtsnormen vorgeschrieben ist, kann man auch sinnvoll von einem »juristischen Willen« sprechen (der dann freilich nicht in Gegensatz zum »psychologischen« zu stellen ist, weil es ja aus der Struktur des Willens als solchen folgt, daß er durch Normen dieser Art in seinem Ablauf bestimmt werden kann).

Was kommen nun für mögliche Inhaber subjektiver Rechte in Betracht? Einmal Einzelpersonen (die in der juristischen Terminologie als physische bezeichnet werden). Sofern sie als freie Subjekte fähig sind, Akte zu vollziehen, ist es auch sinnvoll, ihnen dies als Recht zuzugestehen. Aus demselben Grunde ist es auch verständlich, daß Personen*verbände* mit subjektiven Rechten ausgestattet werden können. Wie steht es aber dort, wo nicht die Möglichkeit zu eigenem Aktvollzug gegeben ist? Welchen Sinn hat es, wenn das positive Recht unmündigen Kindern, Geisteskranken, ja sogar toten Gebilden – wie einer Stiftung – subjektive Rechte zusichert? Um eine Abgrenzung eines Bereichs von Akten handelt es sich auch hier, und darum ist jedes subjektive Recht nur sinnvoll im Hinblick auf Personen, die sie vollziehen können. Aber es ist nicht nötig, daß die Personen, denen der Vollzug jener Akte zusteht, zugleich Inhaber des entsprechenden Rechts sind. Es kann ihnen der Vollzug nur »im Namen« des Rechtsinhabers zustehen. Das Phänomen der *Vertretung* ist die Grundlage für die Rechtsfähigkeit nicht- personaler Gebilde. Sie können mit Rechten ausgestattet werden, sofern es möglich ist, Personen mit der Wahrnehmung ihrer Rechte zu beauftragen. Vertretung selbst ist ein durch objektives Recht zu begründendes Rechtsverhältnis. Eine Person, die imstande ist, rechtswirksame Akte zu vollziehen, kann sich selbst einen Vertreter bestellen, den sie mit der Wahrnehmung eines ihrer Rechte oder auch aller ihrer Rechte betraut. Sie entäußert sich damit nicht ihrer Rechte, sondern überläßt nur den Vollzug der betreffenden Akte einem anderen. Der andere, indem er die Vertretung »annimmt«, verpflichtet sich dazu, gegebenenfalls jene Akte zu vollziehen, und daraus erwächst dem Vertretenen ein Anspruch darauf, daß er das tut, wie andererseits ihm aus der Übertragung der Vertretung ein Recht darauf erwächst, diese Akte zu vollziehen, und ein Anspruch darauf, daß sie als rechtmäßig anerkannt werden. Der Vertreter vollzieht die Akte »im Namen« des Vertretenen bzw. dieser vollzieht sie »durch ihn«.

Ist der Rechtsinhaber ein nicht-personales Gebilde, so muß die Übertragung der Vertreterschaft von anderer Seite vorgenommen werden. Auch hier erwächst dem Rechtsinhaber ein Anspruch auf die Vertretung. Er vermag nur ebenso wenig diesen Anspruch selbst geltend zu machen, wie seine übrigen Rechte wahrzunehmen. Auch dafür ist er auf eine Person angewiesen, die es in seinem Namen tut. Jeder Akt aber, der in seinem Namen von einer Person, die ihn vertritt, vollzogen wird, hat als von ihm durch sie vollzogen zu gelten. Auf diesem Wege werden nicht-personale Gebilde zu möglichen Subjekten von Akten.

Wie gelangt man in den Besitz eines subjektiven Rechts? Wir sagten: kraft reinen oder positiven Rechts. Es steht z. B. nach reinem Recht fest, daß aus einem Versprechen ein Anspruch erwächst und zugleich ein Recht des Anspruchsinhabers, den Anspruch geltend zu machen. Dieses Recht kann ihm überdies noch durch ein positives Recht zugesichert werden. Und das positive Recht kann außerdem Rechte verleihen, die nicht kraft reinen Rechts bestehen: dahin gehört etwa das Recht des Vaters auf Nutznießung des Vermögens der Kinder. Auf alle Fälle setzt aber jedes subjektive Recht irgendeinen rechtswirksamen Akt voraus, durch den es ins Leben tritt. (Solche Akte sind das Versprechen und die Rechtsetzung in den genannten Beispielen.) Das Subjekt des rechtswirksamen Aktes und der Rechtsinhaber können prinzipiell dieselbe Person sein. So liegt es in dem Fall, wo eine Person sich selbst das (subjektive) Recht zuspricht, (positives) Recht zu setzen. Sie selbst vollzieht hier den rechtswirksamen Akt, durch den sie Inhaber des subjektiven Rechts wird. Vollzieht sie ihn aber *in ihrem eigenen Namen?* Offenbar kommt das nicht in Betracht. Nehmen wir an, daß ein Vater für sich selbst das Recht in Anspruch nimmt, die Rechte seiner Kinder wahrzunehmen, so tut er das im Namen des objektiven Rechts (des positiven oder eines wirklichen oder vermeintlichen reinen Rechtsverhalts). Die geltende oder bestehende Rechtsordnung ist dann das nicht-personale Gebilde, in dessen Namen jener Akt vollzogen wird. Und so steht es auch in allen Fällen, wo jemand sich eine Befehlsgewalt zueignet, ohne gleichzeitig das Vorhandensein eines von ihm unabhängigen und ihn bindenden Rechts zu leugnen. Es bleibt also nur noch der Fall zu prüfen, wo diese Einschränkung nicht mehr zutrifft, wo keine übergeordnete Recht setzende Gewalt mehr anerkannt ist. Wie leicht ersichtlich, ist das der Fall der sich selbst setzenden *souveränen Staatsgewalt* . Handelt das Subjekt, das für sich das Recht in Anspruch nimmt, ohne Bindung an eine andere Instanz Recht zu setzen, in seinem eigenen Namen? Gewiß nicht. In jenem Akt des Sich-selbst-Setzens der Staatsgewalt wird zugleich ihre Herrschaftssphäre abgegrenzt und der Staat konstituiert. Sich selbst als Staatsgewalt setzen heißt sich als Vertreter des Staats setzen, und das ist ein Akt, der im Namen des Staats vollzogen wird. So ist der Staat, dieses nichtpersonale Gebilde, das Subjekt, auf das alle subjektiven Rechte, soweit sie positiv-rechtlichen Ursprungs sind, als auf ihren letzten Urheber zurückweisen.

Von dieser Analyse des subjektiven Rechts aus müssen wir versuchen, den Sinn dessen herauszufinden, was man bei der Bildung des Begriffs der »juristischen Person« im Auge hatte. Offenbar sind es die Träger subjektiver Rechte, die man darunter befassen wollte. Daraus, daß nicht-personale Gebilde Träger von Rechten sein können, ist die Scheidung von physischen und juristischen Personen zu verstehen, wenn wir auch diese Scheidung – in der üblichen Form – nicht mitmachen können. Die Anwendung des Terminus »Person« auf alles, was Inhaber von Rechten ist, bedeutet eine Erweiterung dieses Begriffs über den Bereich dessen hinaus, was im strengen Sinne des Wortes Person ist. Diese Erweiterung läßt sich damit rechtfertigen, daß alle Inhaber von Rechten, die nicht echte Personen sind, doch in irgendeiner Form auf echte Personen fundiert sind und dank diesem Fundierungsverhältnis mit ihnen die Fähigkeit, freie Akte zu vollziehen, teilen. Mit diesem Vorbehalt wollen wir den Terminus akzeptieren. Die Scheidung in psychische und juristische Personen ist schief, wenn man – wie es vielfach geschieht – die »physischen«, d. h. die individuellen Personen, die allein echte Personen im vollen Sinne sind, aus dem Bereich der juristischen Personen ausschließen will. Sie ist berechtigt, sofern die individuellen Personen ebenso wie die in Betracht kommenden nicht-personalen Gebilde von sich aus nur *fähig* sind, juristische Personen zu werden, es aber erst durch die Ausstattung mit subjektiven Rechten werden. Wenn *Bernatzik* die Willensfähigkeit als Kriterium für die Abgrenzung des Bereichs juristischer Personen ablehnt, so stimmen wir ihm darin bei. Die Willensfähigkeit – in der notwendigen Erweiterung als Fähigkeit zum Vollzug freier Akte verstanden – ermöglicht nur den Erwerb der juristischen Personalität, garantiert aber noch nicht ihren Besitz. Andererseits ist sie – als Fähigkeit zum *eigenen* Vollzug von Akten verstanden – gar nicht condicio sine qua non der Inhaberschaft von Rechten. Die Übereinstimmung in der Kritik bedeutet aber noch keine Anerkennung der Theorie, die Bernatzik »dem Willensdogma« gegenüberstellt. Danach würde sich die Einheit der juristischen Person durch einen Zweck oder auch ein System von Zwecken abgrenzen, in dessen Dienst gewisse Rechte stehen. »Rechtssubjekt ist…der Träger eines jeden menschlichen Zweckes, den die herrschende Rechtsordnung als Selbstzweck dadurch anerkennt, daß sie dem zu seiner Realisierung notwendigen Willen rechtliche Kraft verleiht.« So wie sich uns der Begriff des subjektiven Rechts abgegrenzt hat, ist er nicht an die Idee des Zweckes gebunden. Das Recht ermächtigt nach unserer Auffassung zum Vollzug gewisser Akte, aber ob diese Akte einem bestimmten Zweck dienen oder nicht, das ist nicht von prinzipieller Bedeutung und die herrschende Rechtsordnung könnte Rechte verleihen, ohne sich darum zu kümmern, wenn es auch in der Regel so sein mag, daß das *Motiv* zur Verleihung eines Rechts die Anerkennung eines Zweckes ist, um dessentwillen es angestrebt wird. – Ein Bedürfnis, die *Einheit* der juristischen Person durch einen Zweck oder ein System von Zwekken abzugrenzen, liegt aber darum gar nicht vor, weil das, was durch die Ausstattung mit subjektiven juristischen Rechten zur Person wird, zumeist schon abgesehen davon Einheit besitzt und daher von sich aus imstande ist, die mannigfachen und evtl. voneinander ganz unabhängigen Rechte zur Einheit zu binden. Bei der individuellen Person ist das ganz offensichtlich, und es gehört eine vollkommene Verstricktheit in leere Verbaldefinitionen dazu, um zu übersehen, daß Personalität einen von der ganzen Rechtssphäre unabhängigen und für sie vorausgesetzten Sinnesbestand bedeutet. Aber auch die nicht-personalen Gebilde, die als Inhaber von Rechten in Betracht kommen, besitzen zumeist ihre Einheit ganz unabhängig von einem Zweck, in dessen Dienst die Rechte treten, die sie erwerben. Von einer Familie z. B. kann man keineswegs sagen, daß sie im Hinblick auf einen Zweck eine Einheit sei und daß die Rechte, mit denen sie als Einheit ausgestattet wird und denen sie den Charakter einer juristischen Person verdankt, im Dienst jenes ihre Einheit begründenden Zweckes stünden. Es gibt freilich auch »Zweckverbände«, d. h. Verbände, in denen sich Personen lediglich zur Erreichung eines Zweckes zusammengeschlossen haben und die rein im Interesse ihres Zweckes Rechte anstreben und erhalten. Und als ein möglicher Spezialfall ist es auch zuzugeben, daß juristische Personen von Seiten der Recht setzenden und verleihenden Gewalt eigens geschaffen werden um eines bestimmten Zweckes willen und demnach ihr Dasein und ihre Einheit diesem Zweck und den Rechten, mit denen sie um seinetwillen ausgestattet werden, verdanken. Wenn z. B. ein Schöffenkollegium berufen wird, so wird durch diesen konstituierenden Akt, der eine Reihe von Personen zum gemeinsamen Vollzug gewisser bestimmt umschriebener Akte ermächtigt, eine Einheit geschaffen, die vorher nicht bestanden hat. Nun ist es ja eine viel umstrittene Frage, ob die Behörden, die zum großen Teil unter diesen Typus fallen, als juristische Personen anzusehen seien. *Bernatzik* meint, »wo bloß eine gemeinsame Rechts*pflicht* in Frage steht, hat die Kategorie der juristischen Person keinen denkbaren Sinn; es liegt hier weder die Möglichkeit einer gemeinsamen Willensherrschaft noch die Gemeinsamkeit eines Zweckes vor, sondern bloß eine gemeinsame Willensgebundenheit...« Wir haben gesehen, daß weder das Moment der Willensherrschaft noch des Zweckes für die juristische Person konstitutiv ist, sondern allein das des subjektiven Rechts. Und nun besteht der höchst wunderbare Zusammenhang, daß es eine rechtliche Gebundenheit ohne eine wesensmäßig damit verknüpfte Berechtigung gar nicht gibt. Es hat sich uns das schon verschiedentlich aufgedrängt, ohne daß wir es bisher in dieser prinzipiellen Allgemeinheit formulierten. Wir sahen z. B., daß der Verpflichtung eines Vertreters, die Rechte eines anderen wahrzunehmen, das Recht entspricht, im Namen des anderen Akte zu vollziehen, und der Anspruch auf Anerkennung dieser Akte als von dem Vertretenen ausgehender. So entspricht den Pflichten der Staatsbürger das Recht, als Staatsbürger anerkannt zu werden, und jeder *gemeinsamen* Verpflichtung einer Mehrheit von Personen (die von einer *gleichen* Verpflichtung der Einzelnen durchaus zu scheiden ist) auch eine *gemeinsame* Berechtigung.

Daß es in der Konsequenz dieser Ausführungen liegt, außer dem Staat auch die ihn vertretenden Behörden und schließlich sogar die einzelnen Staatsbürger als juristische Personen in Anspruch zu nehmen, das wird nur dem als Absurdität erscheinen, dem der Unterschied von echter und juristischer Personalität nicht aufgegangen ist. Wer dem Begriff der juristischen Person den der echten (d. h. der individuellen) unterschiebt, der muß sich freilich verwundern, wie es denn möglich sei, daß eine Person eine Vielheit von Personen in sich enthalten solle. Daß aber eine Reihe von individuellen Personen und ein Gebilde, das auf diese Vielheit von individuellen Personen fundiert ist, jedes für sich Träger von Rechten sein können – in der Form, daß die individuellen Personen teils von sich aus, teils im Namen des ganzen Gebildes Akte vollziehen – darin ist keine Schwierigkeit zu finden. Und es ist sogar nicht bloß möglich, sondern notwendig, daß jeder, der im Namen einer juristischen Person Rechte ausübt, zugleich Träger eines eigenen Rechts, d. h. selbst eine juristische Person ist.

g) Recht und Staat im Mittelalter

Die Auffassung von Recht und Staat, die hier vertreten wurde – die scharfe Trennung des von sich aus bestehenden reinen und des gesetzten Rechts, das als seine letzte Quelle den Staat fordert, und die Unbeschränktheit des Staates in seiner Rechtsetzung –, scheint gewissen Tatsachen des geschichtlichen Lebens nicht gerecht werden zu können. Wie läßt sich etwa von hier aus der Begriff des »guten, alten Rechts« und die mittelalterliche Rechtspraxis verständlich machen? An dem von altersher geltenden Recht ist nicht zu rütteln. Und eine neue Rechtsetzung ist nur dann zulässig, wenn sie sich aus alten ableiten, als deren Konsequenz erweisen läßt, oder wenn man zeigen kann, daß durch sie gewohnheitsmäßiges Unrecht abgeschafft und älteres Recht wieder hergestellt wird. Meines Erachtens liegt dieser mittelalterlichen Auffassung die Idee des *reinen* Rechts zugrunde, die nur noch nicht von der Idee des Sittlichen getrennt und außerdem (durch die Bindung an die Zeit) falsch interpretiert wird. Wie aus dem Faktum einer lange zurückliegenden Setzung die Unabänderlichkeit gefolgert werden sollte, das wäre nicht zu verstehen. Nimmt man dagegen an, daß von jeher feststeht, was recht ist (in materialem Sinn), so ist es durchaus begreiflich, daß das alte Recht nicht angetastet werden darf. Die Idee der Rechtsetzung und des positiven Rechts, das vom reinen Recht inhaltlich abweichen kann, entfällt dann überhaupt. Das Recht (das reine, materiell erfüllte) ist gefunden und ausgesprochen worden, und es gibt ihm gegenüber nur die eine Aufgabe: es zu hüten.

Mit der Idee des positiven Rechts wird auch die einer Recht setzenden Gewalt hinfällig. Der Monarch, der als oberste Spitze des mittelalterlichen Gemeinwesens erscheint, ist nicht Quelle, sondern bestellter Hüter des Rechts. Neben ihm liegt aber auch allen anderen die Hütung des Rechts ob – sie ist ja moralische Pflicht, nicht staatsrechtliche Funktion –, und wenn der Herrscher dagegen verstößt, so muß es auch gegen ihn geschützt werden.

Wo die Idee des positiven Rechtes fehlt, da kann – wie sich aus unseren Darlegungen deduzieren läßt – auch die Idee des Staates noch nicht erfaßt sein. Die patrimoniale Auffassung, die das Staatsgebiet als Eigentum des Herrschers auffaßt und die politischen Funktionen, die er ausübt, sozusagen als Eigentumsrechte, die mit dem Eigentum selbst verliehen werden können, ist bis zum Staat als einem eigenen vom Landgebiet ebenso wie von den Personen, die seine Stellen besetzen, unabhängigen Gebilde noch nicht durchgedrungen. Und ebenso wenig entspricht der erwählte König als Führer einer Volks- oder Stammesgemeinschaft bei ihren Unternehmungen und als der berufenste Hüter des Rechts – rein als Person in einer Personengemeinschaft ausgezeichnet – unserer Idee der ein Staatsganzes repräsentierenden Staatsgewalt.

Man könnte versuchen, den Mangel an einer durchgebildeten Staatsidee als das Primäre aufzufassen und daraus das Fehlen der Idee des positiven Rechts abzuleiten. Muß nicht, wo der Staat nicht als sich selbst bestimmendes Gemeinwesen aufgefaßt wird, auch die Idee der Rechtsetzung hinfällig werden? In der Tat, wenn nur die Völker und eventuell eine mehrere Völker umgreifende Einheit (wie die Christenheit) als Gemeinschaften aufgefaßt sind und die Regierenden als ihre Führer; wenn die Einrichtungen, nach denen sie leben, als von ihnen unabhängige und nur ihrer Obhut anvertraute Ordnung gelten, dann ist für ein positives Recht kein Raum. Aber es wäre falsch, von einer Priorität der einen Idee bzw. ihrer Erfassung zu reden. Wie schon an anderer Stelle hervorgehoben wurde, ist weder der Staat *vor* dem Recht noch umgekehrt, sondern sie gehören der Idee nach untrennbar zusammen, und man kann nicht sagen, daß das eine *zuerst* begriffen sein müßte, damit das andere begriffen werden könne. Faktisch kann sowohl die eine als die andere Idee zuerst begriffen werden und die ergänzende erst in der Konsequenz. (Wie es im Mittelalter damit bestellt gewesen sein mag, ist eine historische, keine philosophische Frage.) Und faktisch kann auch die eine oder die andere Idee zuerst *realisiert* sein: ein positives Recht, das noch keine Staatsgewalt hinter sich hat – ein Staat, der sich noch nicht der Rechtsetzung bemächtigt hat.

Aus dem Mangel einer richtigen Auffassung von Staat und Recht zu schließen, daß es auch die entsprechenden konkreten Gebilde im Mittelalter nicht gegeben haben könnte, wäre natürlich verkehrt. So ist es, gerade weil die Idee des Rechts am Recht im materialen Sinn (bzw. am

Sittlichen) orientiert war, durchaus möglich, daß in weitem Umfange Rechtsetzungen vollzogen wurden, ohne daß man sich darüber klar war, daß es sich dabei um Rechtsetzungen handelte. Allerdings kann bei jeder Verfügung des Herrschers die Rückfrage gestellt werden, auf welches Recht sie sich stütze. Er muß imstande sein nachzuweisen, daß ihm ein subjektives Recht zum Vollzug solcher Akte zustehe, und subjektive Rechte gibt es nur auf Grund von reinem Recht, d. h. sie müssen entweder selbst in den Inhalt eines reinen Rechtsverhalts eingehen oder es muß aus einem reinen Rechtsverhalt analytisch abzuleiten sein, daß sie bestehen. (So folgt aus dem reinen Rechtsverhalt, daß aus einem Versprechen ein Anspruch erwächst, analytisch, daß auf Grund eines Versprechens, das A dem B gegeben hat, B einen Anspruch besitzt.) Das Rechtsgefühl des Volkes oder auch eines Einzelnen kann sich gegen eine Regierungshandlung auflehnen, und ihre Rechtmäßigkeit kann daraufhin angefochten werden. Das ist nach mittelalterlicher Auffassung prinzipiell immer möglich. Zweifellos sind aber faktisch unzählige Rechtsetzungen unangefochten passiert, denen es an einer rechtlichen Grundlage (im Sinne des reinen Rechts) mangelte.

Entsprechend ist überall, wo politische Funktionen geübt werden der Staat als Realität vorhanden (wenn auch eventuell noch in der Entwicklung begriffen), ohne daß die Idee des Staates konzipiert zu sein brauchte. Das schließt immerhin nicht aus, daß die herrschende Auffassung von Staat und Recht auf die Gestaltung der konkreten Gebilde von Einfluß sein kann. So konnte der Gedanke der Verleihbarkeit politischer Funktionen, wie er im Lehnswesen zum Ausdruck kam, dazu führen, daß auf dem Wege der Verleihung neue Herrschaften auf Kosten der ursprünglichen Staatsgewalt entstanden und zur Auflösung des Staates, dem sie ihr Dasein verdankten, hindrängten. Auf der anderen Seite konnte die Idee des Rechtsschutzes gegenüber der herrschenden Staatsgewalt zur Grundlage werden, um untergeordnete Personen und Körperschaften in den Besitz politischer Funktionen zu setzen, und so die Veranlassung zu einer Änderung der Staatsverfassung geben.

h) Die Idee des Rechtsschutzes

Die Idee des Rechtsschutzes muß allerdings noch unter einem ganz anderen Gesichtspunkt erörtert werden. Wir haben sie bisher nur von der Idee des reinen Rechts aus gewonnen. Es findet sich aber auch im positiven Recht ein Ansatzpunkt dafür. Wir haben zwar zunächst betont, daß die Wahrung ebenso wie die Setzung des positiven Rechts Sache der Recht setzenden Gewalt ist. Wir fanden aber daneben, daß das Recht, um zu *gelten* , nicht bloß gesetzt, sondern auch von Seiten derer, für die es gesetzt wird, anerkannt werden muß. Es ist nach zwei Seiten hin gebunden und legt seinerseits nach zwei Seiten hin Bindungen auf. Wer Recht setzt, verpflichtet sich damit, sich an das von ihm gesetzte Recht zu halten. (Damit ist es sehr wohl vereinbar, daß seine Person von dem Inhalt seiner Bestimmungen nicht mit betroffen, bzw. darin ausdrücklich ausgenommen wird.) Wer von einem Recht betroffen wird und es anerkennt, dem erwächst daraus der Anspruch, daß mit ihm nach diesem Recht verfahren wird. Wenn von Personen eines Herrschaftsbereichs das geltende Recht gebrochen wird, so ist es Sache der Staatsgewalt, es ihnen gegenüber zu »schützen«. Wie steht es, wenn das Recht von den Inhabern der Staatsgewalt gebrochen wird? Offenbar muß es auch ihnen gegenüber einen »Rechtsschutz« geben. Dabei ist zu beachten: wenn ein solcher Rechtsbruch vorkommt, so ist es nicht der Staat, der das Recht bricht, sondern eine Person, die ihn vertritt. Das Leben des Staates erschöpft sich in Rechtsetzungen und in Aktionen auf rechtlicher Grundlage. Jeder Rechtsbruch ist als eine Störung des Staatslebens anzusehen und ist daraus zu begreifen, daß seine Stellen mit Personen besetzt sind, die noch anderes sind als seine Vertreter und manchmal dort, wo sie als Vertreter handeln sollten, sich von Motiven bestimmen lassen und zu Aktionen drängen, die dem Staat fremd sind. Gegen solche Möglichkeiten muß es rein vom Standpunkt des Staates aus ein Korrektiv geben. Hier ist zugleich der Punkt, von dem aus das Verlangen nach »Bürgerrechten« einen vernünftigen Sinn bekommt. Dem Staat gegenüber ist diese Forderung sinnlos, weil das, was wir (unter dem Gesichtspunkt des positiven Rechts) als Bürgerrecht gelten lassen können, der Anspruch auf Wahrung des geltenden Rechts, in der Idee des Staates vorgezeichnet und mit Aufrechterhaltung des Staates selbst gleichbedeutend ist. Es hat aber einen guten Sinn gegenüber den jeweiligen Inhabern der Staatsgewalt und ihren möglichen Abweichungen von den Intentionen des Staates.

Vom Staate aus gesehen ist die einzig mögliche Sicherung gegen Rechtsbrüche dieser Art eine durch staatliche Bestimmungen vorgesehene Kontrolle der Staatsleitung und ihrer Organe, wobei wiederum offen bleibt, wem diese Kontrolle zu übertragen ist: einer eigenen Behörde oder den einzelnen Bürgern selbst bzw. ihrer Gesamtheit. Wo keine solche Sicherung gesetzlich vorgesehen ist, da kann auf einen Rechtsbruch der Regierenden nur wiederum mit einem Rechtsbruch – von Seiten der Untertanen oder untergeordneter Organe – geantwortet werden, etwa mit einer Gehorsamsverweigerung gegenüber unrechtmäßigen Verordnungen. Zweifellos wird durch solchen reaktiven Rechtsbruch ebenso an dem Bestand des Staates gerüttelt wie durch den, der ihn veranlaßt. Von einem »Recht auf Revolution« kann also nicht die Rede sein, wenn man »Recht« im strengen Sinne nimmt. (Wie es mit dem »moralischen Recht« steht, das haben wir hier nicht zu untersuchen.) Es kann aber die Auflehnung gegen eine bestehende Staatsordnung und das Hinarbeiten auf eine neue durchaus im Sinne des Staates sein, sofern dadurch auf einen Zustand hingearbeitet wird, in dem er besser gegen Rechtsbrüche gesichert wäre. So konnte auch die Idee des Rechtsschutzes in der zweiten – am positiven Recht orientierten – Bedeutung zum Ausgangspunkt werden, um eine »Teilung der Gewalten« und die Übertragung von politischen Funktionen an die Staatsbürger zu begründen und konkrete Staatsgebilde in dieser Richtung umzugestalten.

i) Die Rechtsgrundlagen des Staatenverkehrs

Bei der Festlegung des Verhältnisses von Staat und Recht haben wir die Beziehungen der Staaten zueinander – von gelegentlichen Bemerkungen abgesehen – unberücksichtigt gelassen. Kann man, wenn man den Staatenverkehr in Betracht zieht, die Behauptung aufrecht erhalten, daß sich das Leben des Staates in Rechtsetzungen und Aktionen auf rechtmäßiger Grundlage erschöpfe? Die Weltgeschichte scheint zu lehren, daß die Staaten sich in ihrer äußeren Betätigung an keine Rechtsgrundlage halten, sondern allein oder doch hauptsächlich durch ihre Lebensbedürfnisse und Machtantriebe geleitet werden. Dem steht die Überzeugung vom Bestehen eines Völkerrechts und seiner Verbindlichkeit für den zwischenstaatlichen Verkehr gegenüber, und es wird nun unsere Aufgabe sein zu prüfen, was in dieser *Idee des Völkerrechts* beschlossen liegt. Wir orientieren uns wieder an unserer Scheidung von reinem und positivem Recht. Hugo *Grotius* erklärt als ius gentium: quod gentium omnium aut multarum voluntate vim accepit, fügt aber hinzu, daß für alle Völker verbindlich nur das *Naturrecht* sei. Demnach hätten wir – da das »Naturrecht« nach unserer Auffassung nur eine mißverständliche Interpretation des reinen Rechts ist – im Bestand des Völkerrechts zu scheiden zwischen reinen Rechtssätzen und Vereinbarungen einzelner Staaten über die Formen ihres wechselseitigen Verkehrs. In der Tat hört man zumeist, wenn einem Staat ein Bruch des Völkerrechts vorgeworfen wird, daß er etwas getan habe, »wogegen sich das Rechtsgefühl auflehnt«. Das Rechtsgefühl aber spricht nur für das, was in materialem Sinne Recht – und das bedeutet in diesem Falle reines Recht – ist. Der Inhalt eines positiven Rechts braucht – der Idee des positiven Rechts nach – nicht in materialem Sinne Recht zu sein, und so kann kein Rechtsgefühl darüber entscheiden, was mit irgendwelchen Bestimmungen eines positiven Rechts im Einklang oder im Widerspruch steht. Wenn beispielsweise ein Vertragsbruch als eine Verletzung des Völkerrechts bezeichnet wird, so braucht der Inhalt des Vertrages keineswegs im materialen Sinne Recht zu sein. Trotzdem handelt es sich um einen Rechtsbruch vom Standpunkt des reinen Rechts aus; denn es ist unabhängig von aller Setzung Recht, daß Verträge gehalten werden sollen (unangesehen ihres Inhalts), und das Rechtsgefühl lehnt sich gegen den Vertragsbruch als solchen auf. Von dem Inhalt zwischenstaatlicher Abmachungen dagegen wird man sagen müssen, daß sie nur im *formalen* Sinne – d. h. als kraft einer Rechtsetzung gültige Norm – Recht zu sein brauchen. (Man darf sich nicht dadurch verwirren lassen, daß der Gegensatz von Form und Inhalt hier zweimal vorkommt und daß die Gegensatzpaare sich kreuzen: die Form des Vertrages geht in den Inhalt des materialen Rechts ein, während der Inhalt des Vertrages nur im formalen Rechtssinn Recht genannt zu werden verdient.) Nun ist aber eine neue Schwierigkeit zu erwähnen: nach unseren Darlegungen fordern die Ideen »Staat« und »positives Recht« einander gegenseitig. Positives Recht ist »gesetztes« Recht, und es bedarf einer dahinterstehenden Gewalt, der das Rechtsetzen zukommt. Wo haben wir beim Völkerrecht (jetzt im Sinne von geltenden Bestimmungen über den Staatenverkehr) eine Staatsgewalt, der die Rechtsetzung zusteht? *Grotius* sprach davon, daß es durch den Willen der Völker Geltung bekommt. »Völker« haben wir dabei sinngemäß durch »Staaten« zu ersetzen – auch der Terminus »Völkerrecht« ist dem nicht angemessen, was er ausdrücken soll. Danach wären die völkerrechtlichen Bestimmungen als Vereinbarungen zwischen Staaten anzusehen. Allerdings drücken weder »Vereinbarung« noch »Bestimmung« den Charakter der völkerrechtlichen Sätze zutreffend aus. Um bloße Verabredungen – d. h. Meinungsaustausch und Absichtsäußerung, wie man sich zu verhalten gedenke – kann es sich nicht handeln, denn diese haben in keinem Sinn von »Recht« bindende Kraft. Auch schlichte Verträge kommen anscheinend nicht in Betracht, denn sie haben nur »Geltung« sensu stricto, sofern ihnen diese durch die Bestimmung eines positiven Rechts zugesichert wird. Genauer gesprochen: wenn der Bestand des Völkerrechts – soweit er nicht rein- rechtlichen Charakter hat – sich auf Verträge reduzieren läßt, so ist es nicht als positives Recht anzusehen. Man könnte meinen, und das dürfte die Ansicht von Grotius sein, daß eine Mehrheit von Staaten *gemeinsam* Bestimmungen erlassen könne, die für sie alle verbindlich seien. Wir hätten dann eine aus den Vertretern der einzelnen Staaten gebildete Körperschaft, die den Anspruch erhöbe, für die Gesamtheit der beteiligten Staaten verbindliches Recht zu setzen. Ein solcher Anspruch kann nur im Namen oder mindestens auf Grund der Bestimmung eines Staates erhoben werden. Danach bestehen folgende Möglichkeiten: entweder jene Körperschaft konstituiert sich selbst als souveräne Staatsgewalt – damit wären die Einzelstaaten aufgehoben; oder sie beruft sich auf die Autorität einer den Einzelstaaten übergeordneten Gewalt – was dieselbe Konsequenz hätte. Oder sie leitet ihr Mandat von den Einzelstaaten selbst her. Dann erscheint die ganze Sachlage geändert. Kein Staat hat das Recht, durch seine Vertreter Bestimmungen für andere Staaten ergehen zu lassen. Betrachten wir jene Körperschaft, der die Normierung des zwischenstaatlichen Verkehrs obliegt, als durch die Einzelstaaten autorisiert, so hat sie nicht die Möglichkeit, gemeinsame Bestimmungen für alle beteiligten Staaten zu vollziehen. Die ihr angehörigen Personen können nur gemeinsam beraten und beschließen, was jeder Einzelne für seinen Staat bestimmen solle. Beratung und Beschluß sind Sache der Körperschaft, die Bestimmungen dagegen Sache des Einzelnen, der dadurch nur seinen Staat bindet. An Stelle des Völkerrechts von überstaatlicher Geltung tritt dann ein Bestand von gleichen Bestimmungen im positiven Recht der einzelnen Staaten. Dieses ist in der Tat die einzige Möglichkeit einer positiv-rechtlichen Regelung des Verkehrs zwischen einer Mehrheit von Gemeinwesen, die mit ihrer Existenz als *Staaten* vereinbar ist. Daß sich ein Staat gegen solche »völkerrechtlichen« Bestimmungen verginge, würde bedeuten, daß er sein eigenes Recht bräche, und das wäre diesen wie allen anderen staatlichen Rechtsetzungen gegenüber sinnlos. Der Staat behält bei diesen wie bei allen anderen Bestimmungen die Freiheit, sie aufzuheben, und zwar allein von sich aus, ohne Mitwirkung derer, mit denen er gemeinsam beschlossen hat, sie ergehen zu lassen. Denn ein Beschluß hat keine rechtlich bindende Kraft. Es mag unklug und eventuell unmoralisch sein, sich von ihm loszusagen – ein Rechtsbruch ist es in keinem Sinne.

Es ist ferner möglich, daß ein Staat durch eine Bestimmung einen Vertrag aufhebt, den er geschlossen hat. Der Anspruch des anderen vertragschließenden Teils ist dann nicht *erloschen* (wie es nach reinem Recht unter gewissen Bedingungen der Fall ist – etwa wenn es sich um bestimmt umgrenzte Leistungen handelt und diese sämtlich vollbracht sind), sondern er ist *vernichtet*. Hier liegt eine Vernichtung des reinen Rechts vor (wie sie auch im innerstaatlichen Leben vielfach vorkommt, ohne daß man daran denkt, von Rechtsbruch zu reden – in allen Fällen z. B. wo eine positiv- rechtliche Bestimmung einen Anspruch für nichtig erklärt, der nach reinem Recht besteht). Sie *kann* zugleich die Verletzung einer sittlichen Pflicht sein. Ein Rechtsbruch im Sinne des positiven Rechts liegt wiederum nicht vor. – Man könnte noch Bedenken haben, ob nicht durch die einseitige Aufhebung eines Vertrages der vertragbrechende Staat sich einen Eingriff in die Bestimmungssphäre seines Vertragsgegners erlaubt. Indessen die Bestimmungsgewalt ist, wie wir wissen, auf den Umkreis beschränkt, für den sich die Staatsgewalt konstituiert hat, und greift nicht auf andere Staaten über. Kein Staat kann bestimmen, daß ein anderer ihm gegenüber eine Verpflichtung haben solle. Er kann nur erreichen, daß der andere ihm etwas verspricht und daß ihm aus dem Versprechen ein Anspruch erwächst und dem anderen eine Verpflichtung. Sagt sich der Gegner von der Verpflichtung los und vernichtet dadurch Anspruch und Verbindlichkeit, so wird dadurch keine Bestimmung des fremden Staates getroffen.

Wir kehren zu der Frage zurück, ob der Staat in seinem Verhalten nach außen in gleicher Weise rechtlich gebunden sei wie bei der Beschränkung auf sich selbst. Das merkwürdige In-sich-Beschlossensein des Staates drückt seinen äußeren Aktionen einen eigentümlichen Stempel auf. Seinem eigenen Wesen nach ist er auf sich gestellt und isoliert. Von der individuellen Person sagten wir gelegentlich, sie sei ebenso ursprünglich Gemeinschaftsglied wie Einzelsubjekt oder es sei ihre natürliche Geisteshaltung, für den Verkehr mit anderen offen zu sein. Das überträgt sich von den Einzelpersonen auf die Gemeinschaften, in die sie eingehen, etwa auf das Volk. Auch den Völkern ist es natürlich, für einander geöffnet zu sein, Eindrücke voneinander zu empfangen und sich in ihrem Verhalten dadurch bestimmen zu lassen. Von den Staaten gilt das nicht. Sie sind *eigentlich* »sich selbst genug« und ihr Leben ein in sich geschlossener Kreislauf. Wenn sie sich nach außen hin betätigen, so geschieht es nur im Interesse des inneren Lebens und nicht auf »äußere Eindrücke« hin. Hat der Staat z. B. nicht Raum genug, um seine »Autarkie« zu wahren, so tut er Schritte zur Erweiterung seiner Herrschaftssphäre. Damit geht er aus sich heraus. Aber sobald die Angliederung des Gebiets, dessen er bedarf, erfolgt ist, verschließt er sich wieder in sich selbst. Jene äußere Aktion kann mit einem Eingriff in die Herrschaftssphäre eines fremden Staates verbunden sein. Sie ist dann in der Tat gleichbedeutend mit einem Rechtsbruch, d. h. mit einer *Verletzung fremden Rechts*. (Das ist sie auch dann, wenn die »völkerrechtlichen Formen« gewahrt werden – ein in aller Form erklärter Krieg ist es ebenso wie ein Einfall in fremdes Gebiet ohne Kriegserklärung.) Das Recht, von dem wir sagten, daß der Staat unaufhebbar daran gebunden sei, ist allein sein *eigenes* Recht. An fremdes Recht gebunden zu sein, würde die Aufhebung des Staatscharakters bedeuten. (Natürlich ist bei dem fremden Recht immer an *positives* Recht gedacht. Das reine Recht bleibt hier ganz aus dem Spiel.) Sobald der Staat aus sich herausgeht, betritt er ein für ihn *rechtsleeres* Gebiet: es gilt darin – solange er es sich noch nicht angegliedert hat – nicht *sein* Recht, und ein fremdes hat für ihn keine Bedeutung. Man kann streng genommen nicht sagen, daß *er* einen Rechtsbruch *begeht*. Denn das hat nur Sinn einem Recht gegenüber, das man zu halten verpflichtet ist. Aber *es wird* durch das, was er tut, *Recht gebrochen*. Staaten sind starre Gebilde. Liegen sie hart aneinander, so ist keine Bewegung des einen möglich, durch die nicht auch der andere erschüttert würde. Das Ergebnis ist, daß sie nach dem Anstoß und der Erschütterung entweder in die alte Lage zurückkehren oder daß einer mindestens aus einem Teil seines Gebiets verdrängt wird. In jedem Fall ist die Bewegung immer nur ein Durchgangsstadium zu der Ruhelage, die dem Staat gemäß ist – ein Durchgangsstadium, in dem er nicht ganz er selbst ist.

Wir haben vorläufig nur eine Möglichkeit äußerer Betätigung in Betracht gezogen. Es kommt neben der kriegerischen eine friedliche und es kommen andere Formen kriegerischer Betätigung in Frage. Wie steht es, wenn nicht Expansions- oder Verteidigungstrieb, sondern etwa Empörung über einen Rechtsbruch, Treue gegenüber einem Bundesgenossen oder dergleichen einen Staat in kriegerische Operationen verwickeln? Hier scheinen es doch äußere Eindrücke zu sein, die bestimmend sind, der Staat scheint in unmittelbarem Verkehr mit anderen zu stehen und sein Verhalten durch ihr Verhalten motiviert. Indessen solche Auffassung beruht auf einer Täuschung. Was Eindruck von einem fremden Verhalten empfängt und mit Stellungnahmen wie Entrüstung, Empörung, Begeisterung usw. reagiert, das ist nicht der Staat, sondern die Volksgemeinschaft, die er umschließt, oder auch nur gewisse Gruppen innerhalb der Volksgemeinschaft. Sie können in dieser Weise seelisch aufgewühlt werden, was der Staat gar nicht vermag, und auf Grund dessen zu einem Handeln in bestimmter Richtung drängen. Das Handeln selbst, d. h. speziell die Realisierungsaktion fällt in den Bereich des Staates. Er kann es zulassen, daß Personen seiner Herrschaftssphäre von sich aus eine äußere Aktion unternehmen (etwa als Freiwillige einen fremden Krieg mitmachen). Es ist aber durchaus in sein Belieben gestellt, ob er es gestatten oder unterbinden – oder schließlich die Sache zu seiner eigenen machen will. Er kann auf Grund der Volksbewegung eine staatliche Aktion in die Wege leiten. Und das ist dem Sinn des Staates gemäß, wenn die Volksbewegung – sich selbst überlassen – am Bestand des Staates zu rütteln droht. Dann ist es aber wieder deutlich, daß es sein inneres Leben ist, was sein äußeres Verhalten bestimmt, nicht äußere Eindrücke. Was fremde Staaten tun und lassen, das geht den Staat, solange er selbst davon nicht innerlich betroffen wird, nichts an. Und wenn sich die verantwortlichen Leiter durch solche dem Staat selbst fremden Motive dazu bestimmen lassen, eine staatliche Aktion zu inszenieren, so entspricht ihr Verhalten nicht dem Sinne des Staates.

k) Abgrenzung der Vertretungsmacht der Staatsrepräsentanten durch den Sinn des Staats

Hier taucht die Frage auf, ob wir ein Recht haben, Akte, die von Vertretern des Staates in seinem Namen vollzogen werden, nicht als seine gelten zu lassen, weil sie nicht seinem Sinne entsprechen. *Reinach* hat bei der Erörterung des Vertretungsproblems betont, daß dies beides durchaus zu scheiden sei: im Sinne jemandes und als sein Vertreter handeln. Wenn eine Person eine andere als ihren Vertreter bestellt, so erzeugt sie in ihm das ihr als Person wesentlich zugehörige rechtliche Können (die Möglichkeit, rechtswirksame Akte zu vollziehen) noch einmal. Und sofern das ohne Einschränkung geschieht, hat *jeder* solche Akt bindende Kraft für den Vertretenen. Eine Beschränkung der Akte – etwa auf solche, die im Sinne des Vertretenen sind – kann nur durch besondere Bedingungen bei der Übergabe der Vertretung erreicht werden. Andererseits ist es sicher, daß keine Person einer anderen den vertretenden Vollzug von Akten übertragen kann, deren sie selbst nicht fähig ist. Wenn A das Nutzungsrecht an einer Sache hat, die ihm nicht gehört, so hat er nicht das Recht, sie einem anderen als Eigentum zu übertragen. Und wenn er B zu seinem Vertreter ernennt, so verleiht die Übergabe der Vertretung diesem nicht die Möglichkeit, jene Sache zu verkaufen oder zu verschenken. *Diese* Einschränkung der in die Vertretungsmacht einbezogenen Akte ist an keine besonderen Bedingungen bei der Übergabe geknüpft.

Auch im Namen des Staates können keine Akte vollzogen werden, deren Vollzug ihm selbst nicht möglich ist. Das ist freilich doppeldeutig. Denn wir wissen ja, daß der Staat überhaupt nur durch Vertreter Akte vollziehen kann. *Welche* Akte aber im Namen des Staates prinzipiell vollzogen werden können, das wird durch seinen *Sinn* vorgeschrieben. Im Namen des Staates einem Verbrecher zu »verzeihen«, wäre sinnlos. Dagegen ist es durchaus sinnvoll, ihm die Strafe zu erlassen. Das »dem Sinne gemäß« ist von dem »im Sinne von...« durchaus unterschieden. Was dem Sinne des Vertretenen nicht gemäß ist, das kann nicht als von ihm ausgehend betrachtet werden. Daß Staatsmänner »im Namen des Staates« vieles tun, was im Namen des Staates keinen Sinn hat, besagt nichts gegen jenen einsichtigen Zusammenhang. Es ist durchaus möglich, daß solche Akte dieselbe praktische Wirksamkeit entfalten, als ob sie vom Staat ausgegangen wären: die Staatsbürger fügen sich Anordnungen der Staatsleiter, zu denen ihnen gar kein Recht zusteht, ohne zu wissen, daß sie in diesem Fall nicht dem Staate, sondern der individuellen Person seines Vertreters gehorchen.

Wir wollen uns diese Diskrepanz noch an den unkriegerischen äußeren Aktionen des Staates klarmachen. Für die Rechtslage seiner Bürger im Auslande zu sorgen, ist durchaus dem Sinne des Staates entsprechend. Denn überließe er sie der Willkür fremder Staaten, so gestattete er diesen einen Eingriff in seine Herrschaftssphäre. Desgleichen ist es sinnvoll, wenn er im Interesse seines Wirtschaftslebens Handels- und Lieferungsverträge abschließt – (ebenso wie es sinnvoll ist, wenn er im Innern regelnd in das Wirtschaftsleben eingreift). Dagegen entspricht es nicht dem Sinn des Staates, wirtschaftliche Unternehmungen irgendwelcher Art als Selbstzweck zu betreiben. Wo ein Staatsleiter das tut, da nützt er seine Vertreterstellung im Dienst seiner privaten Neigungen aus, auch dann, wenn er die Erträge abstrichlos den Staatskassen zufließen läßt. Nicht anders steht es mit Unternehmungen anderer Art: Kunstsammlungen, Forschungsreisen und dergleichen. All das hat als Selbstzweck für den Staat keinen Sinn. Er ist *Herr* und kann als Herr sich um alles kümmern, was seine Bürger auf den genannten Gebieten tun, und ihnen Vorschriften dafür geben. Aber er selbst ist nicht Unternehmer, Forschungsreisender, Kunstliebhaber oder dergleichen. Alles, was er tut, steht unter der Devise: Herr in seinem Gebiet sein, und ist von da aus zu begreifen. Darum ist er ganz nach innen gerichtet und alles, was er nach außen tut, nur von innen her zu verstehen – als Sicherung und Erweiterung seines inneren Lebens. Was nicht von diesem Kernpunkt faßbar ist, das ist nicht seine Sache, sondern Angelegenheit der individuellen Personen, die ihn vertreten und von ihrer Vertreterstellung eventuell einen falschen Gebrauch machen.

I) Zufammenfassendes über die Struktur des Staates

Unsere Untersuchungen ergeben für die ontische Struktur des Staates: er ist ein soziales Gebilde, dem freie Personen in der Weise eingefügt sind, daß eine oder eine Mehrheit von ihnen (im Grenzfall alle) im Namen des ganzen Gebildes über die anderen herrscht (in jenem Grenzfall wird der Herrschaftsbereich durch dieselben Personen gebildet, die auch die Herrschaft üben, aber nur soweit sie nicht vertretende Funktion haben). Zum Herrschaftsbereich des Staates gehören außer den Personen, die ihm eingefügt sind, alle Gegenständlichkeiten, die in ihrem Leben eine Rolle spielen, soweit sie durch freie Tat angreifbar sind. Die Herrschertätigkeit des Staates vollzieht sich durch *Befehle*, mittels deren er die Personen seines Bereichs in Aktion setzt, und *Bestimmungen*, die festsetzen, was in diesem Bereich als Recht gelten soll. Sie ist nur so lange Herrschertätigkeit und der Staat nur so lange Staat, als sie in ihm ihren Auslaufspunkt hat: er kann keiner anderen Herrschaft unterstehen, sondern muß souverän sein.

In der Herrschertätigkeit erschöpft sich das Leben des Staates. Ihre Realisierung und damit die Existenz eines konkreten Staatswesens ist daran gebunden, daß sich Personen finden, die seine Vertretung übernehmen, und daß der Herrschaftsanspruch von denen, an die er sich wendet, anerkannt wird.

Über den *Inhalt* der Herrschertätigkeit, über das, *was* der Staat befiehlt und bestimmt, ist damit noch nichts ausgemacht. Und es ist die Frage, ob und wie weit das durch seinen eigenen Sinn vorgezeichnet sein kann. Wenn das Herrschaftsverhältnis den Bestand des Staates ausmacht, so ist die Aufrechterhaltung dieses Herrschaftsverhältnisses die einzige Richtschnur, die ihm durch seinen eigenen Sinn an die Hand gegeben wird. Er *muß* danach befehlen und bestimmen, was für diesen Zweck erforderlich ist. Er *darf* bestimmen und befehlen, was diesem Zweck nicht im Wege ist, und *nichts*, was ihm hinderlich sein könnte. Unter die dritte Kategorie – Befehle und Bestimmungen, die durch den Sinn des Staates ausgeschlossen sind – gehören alle, deren Inhalt dazu angetan ist, die Anerkennung des Herrschaftsverhältnisses zu gefährden: die einen Anreiz zur Gehorsamsverweigerung von Seiten der Untertanen geben können, oder auch zu einem Angriff auf die Souveränität von Seiten fremder Mächte. (Das können z. B. Befehle sein, deren Inhalt sittliche Entrüstung erweckt, oder die zu starke Anforderungen an die Leistungen der Bürger stellen; aber auch solche, die Zweifel an der Festigkeit des Herrscherwillens aufkommen lassen.) Zu den *gebotenen* Akten dagegen gehört etwa die Ahndung jeder Auflehnung gegen die Staatsgewalt, die Verteidigung des Staatsgebiets gegen Angriffe und dergleichen. Das eigentlich problematische Gebiet ist das dritte: der Bereich dessen, was durch den Sinn des Staates *erlaubt* ist. Was man in den herkömmlichen Staatstheorien als den »Zweck« oder »Beruf« des Staates hingestellt hat (Errichtung eines »sittlichen Reichs«, Sicherung der freien Entfaltung der Nation, Sorge für die Volkswohlfahrt und dergleichen) kann – wenn überhaupt irgendwo – nur hier seine Stelle haben. Es ist dem Staat durch seinen eigenen Sinn nicht vorgeschrieben, daß er sich in den Dienst des Sittengesetzes stelle, ein »sittliches Reich« sein müsse. Das Reich des Satans kann als Staat ebenso vollkommen sein wie das Reich Gottes. Es ist nur die Frage, wie dieser oder jener »Geist« sich des Inhalts der staatlichen Bestimmungen bemächtigen und dadurch dem ganzen konkreten Staatsgebilde seinen Stempel aufdrücken kann, wenn der Staat als solcher ihn nicht vorschreibt und gar kein Organ dafür hat.

Daß der Staat gerade darum, weil er in der Sphäre der Freiheit verharrt, in sich unabgeschlossen ist und die richtunggebenden Motive für seine Tätigkeit von anders her empfangen muß, haben wir gesehen. Die Motivation vollzieht sich in den Personen, die den Staat vertreten. Was sie auf Grund der von ihnen (nicht vom Staate selbst) erlebten Motive tun, hat als Akt des Staates zu gelten, wenn es dem Sinn des Staates gemäß ist. Ist es dem Sinn des Staates entgegen, so handelt es sich – auch wenn alles so verläuft, als ob ein Akt des Staates vorläge – nur scheinbar um einen staatlichen Akt. Die Repräsentanten des Staates haben dann – evtl. in gutem Glauben – einen vertretenden Akt vollzogen, für welchen ihnen keine Vertretungsmacht zustand. Das bedeutet immer eine gewisse Gefahr für den Staat. Es ist einmal ein *Symptom* dafür, daß nicht alles in ihm ganz in Ordnung ist, und kann zugleich *Ursache* weiterer Störungen sein. Dergleichen kommt im Leben jedes Staates vor, und eine ganze Reihe solcher Stöße kann jeder vertragen; allzu gehäuft untergraben sie seine Existenz. Das gilt nicht von den Akten, die wir als durch den Sinn des Staates *erlaubt* bezeichneten. Daß sie aber als echte staatliche Akte zu gelten haben, ist damit noch nicht gesagt. Wenn eine Regierung Maßregeln für das Erziehungswesen trifft, die weder wirklich noch vermeintlich dem Staate dienen, ihm aber auch nicht schaden können, so liegt eine Bemühung des Staates zu ihm fremden Zwecken vor und wiederum eine Ausdehnung der Vertretungsmacht über den Bereich, auf den sie sich sinngemäß erstreckt. Der Staat kann sich solche Benützung gefallen lassen, weil er dadurch unangetastet bleibt – und darum nennen wir die Akte (von ihm her gesehen) erlaubte – aber *seine* Akte im strengen Sinne sind es nicht.

Diese Einschränkung der Akte auf das, was durch den Sinn des Staates vorgeschrieben ist, steht nicht im Widerspruch zu dem, was wir früher feststellten: daß der Staat prinzipiell die Leitung aller Unternehmungen in seinem Gebiet in die Hand nehmen könne. Denn es ist keine Aktion prinzipiell davon ausgeschlossen, dem Sinn des Staates gemäß zu sein. Es *kann* im Interesse des Staates liegen, daß die Jugend in bestimmter Weise erzogen wird: damit sie es etwa lerne, sich ihm in der rechten Weise einzufügen. Oder für das materielle Wohl der Bürger zu sorgen: etwa um ihre Neigung, sich der staatlichen Autorität unterzuordnen, zu stärken oder auch um seiner eigenen wirtschaftlichen Unabhängigkeit willen.

Wir kehren zu der Frage zurück, wie sich ein gewisser »Geist« des Inhalts der staatlichen Akte bemächtigen könne. Es kann dem Sinne des Staates entsprechen, daß seine »Politik« einen bestimmten Geist atmet, d. h. nach einem festen Typus motiviert erscheint. Dieser Geist wird allemal dem Ethos des Volkes entsprechen, das den Herrschaftsbereich des Staates bildet, denn diesem Ethos entgegenregieren, heißt dem Staate die Wurzeln seiner Existenz abschneiden. Wo die Politik sich von dem entfernt, was der Sinn des Staates vorschreibt – d. h. wo sie sich aus pseudostaatlichen Akten zusammensetzt –, da spricht aus ihr lediglich der Geist, der in den Vertretern des Staates mächtig ist. Indem er auf *sie* Einfluß gewinnt, kann auch ein Außenstehender den Staat seinen Zwecken dienstbar machen – und das kann Gott ebenso wohl sein wie der Satan.

Wenn davon gesprochen wird, daß dem Staat durch die göttliche Weltordnung ein besonderer Beruf in der Geschichte der Menschheit zugewiesen sei, so ist das durch die Idee des Staates nicht ausgeschlossen. Nur darf man es sich nicht so zurechtlegen, als sei jener Beruf von Gott *in die Idee* des Staates hineingelegt worden. Es ist nur möglich, daß Gott den Staat, so wie er seiner Idee nach ist, tauglich findet, um ihm bei der Verwirklichung seiner Zwecke zu dienen. Und er kann darum Staaten in der Welt entstehen und in der Richtung seiner Absichten wirken lassen. Daß sie ihm dienstbar werden, ist auf zweierlei Weise zu erreichen. Es kann in der Welt so gefügt sein, daß der Staat immer dann, wenn er seinem eigenen Sinne gemäß verfährt, auch die Zwecke Gottes fördert, bzw. die Zwecke Gottes fördern *muß*, um sich selbst erhalten zu können. (Nehmen wir an, daß die sittliche Erziehung der »göttliche Beruf« des Staates sei, so könnte es so eingerichtet sein, daß die Menschen sittlich erzogen werden müssen, um sich dem Staate zu fügen.) Eine andere Möglichkeit wäre die, daß die Repräsentanten des Staates ihre Machtstellung dazu benützten, um Gottes Gebote in ihrem Herrschaftsgebiet durchzusetzen. Dann stünde nicht der Staat selbst im Dienste des göttlichen Zwecks, sondern nur das Faktum, daß es ihn gibt und daß man sich seine Autorität leihen kann, um außerstaatliche Zwecke verwirklichen zu können.

Ob der Staat einen solchen Beruf hat und auf *welchem* der möglichen Wege er ihn erfüllt, ist eine reine Tatsachenfrage, die von einer prinzipiellen Staatslehre nicht beantwortet werden kann. Sie kann nur feststellen, daß dergleichen durch die Idee des Staates nicht vorgezeichnet, aber auch nicht ausgeschlossen ist. Darum müssen wir es ablehnen, die Staatslehre auf die »Idee des sittlichen Reichs« zu, begründen, wie es Friedrich Julius Stahl in dem Standardwerk der konservativen Politik als notwendig bezeichnet. Diese Idee kann nur von außen an den Staat herangetragen werden. Es mag gute Gründe geben, dies zu tun, und so können auch die praktischen Konsequenzen, die daraus gezogen werden, durchaus berechtigt sein. Es ist nur ein Irrtum zu meinen, daß sie sich aus der Idee des Staates herleiten lassen.

§ 3. Das konkrete Staatsgebilde in seiner Bedingtheit durch andere Faktoren als die Struktur des Staates

a) Prinzipielle und empirische Staatslehre

Die letzten Ausführungen können dazu dienen, die Eigentümlichkeit unserer Betrachtungsweise gegenüber einer *empirischen* Staatslehre hervorzuheben. *Jellinek z. B.* unterscheidet zwei mögliche Untersuchungsrichtungen: die *soziale* oder historisch-politische, welcher die Feststellung der objektiven und subjektiven (d. h. der »äußeren« und »inneren«) Geschehnisse, die das Staatsleben ausmachen, obliegt. Und eine *juristische*, deren Gegenstand die »vom Staat ausgehenden, seine Institutionen zu beherrschen bestimmten Rechtsnormen und das Verhältnis der realen staatlichen Vorgänge zu jenen rechtlichen Beurteilungsnormen« sind. Keine von den hier ins Auge gefaßten Betrachtungsweisen deckt sich mit unserer Problemstellung. Uns interessieren nicht die Tatsachen des Staatslebens (zu denen der Erlaß der positiv-rechtlichen Bestimmungen, mit deren Inhalt sich die juristische Forschung beschäftigt, mit gehört) und auch nicht die faktisch aufgestellten Normen, nach denen diese Tatsachen sich richten sollen. Wir suchen vielmehr festzustellen, welche der im faktischen Aufbau der bestehenden Staaten aufweisbaren Momente den Staat als solchen konstituieren, und dadurch den Staatsbegriff zu klären, den die empirische Staatswissenschaft ungeprüft voraussetzt. Aus dieser Verschiedenheit der Problemstellung ergibt es sich, daß keineswegs alle Fragen, die für die empirische Betrachtung von Wichtigkeit sind, auch für uns in Betracht kommen. Dort muß für jede Art sozialer Gruppen untersucht werden, wie der Einfluß ist, den sie auf den Staat üben und den sie von ihm erfahren. Hier genügt es, wenn der prinzipielle Machtbereich des Staates abgesteckt wird und auf der anderen Seite das Maß der prinzipiellen Beeinflußbarkeit durch Individuen und Gruppen. Wiederum wird für uns Problem, was dort selbstverständlich ist und keiner Untersuchung bedarf. Jellinek beginnt eine Untersuchung mit einer *Definition*, an die alles Weitere anknüpft. »Der Staat ist eine auf einem abgegrenzten Teil der Erdoberfläche seßhafte, mit einer herrschenden Gewalt versehene und durch sie zu einer Einheit zusammengefaßte Vielheit von Menschen.« Und wo später Umformungen und Ergänzungen der anfänglichen Definition vorgenommen werden, geschieht es auf Grund einer empirischen Betrachtung der bestehenden Staaten. In einer prinzipiellen Erörterung kann die Definition des Begriffs, der zur Diskussion steht, niemals die Untersuchung eröffnen, sondern nur als ihr Ergebnis abschließen, und in der Untersuchung selbst spielen Fakten keine Rolle. So ist alles, was jene Definition des Staates enthält, für uns fraglich und der Prüfung bedürftig; der Sinn jedes einzelnen verwendeten Terminus verlangt nach Klärung. Die Bedeutung der »herrschenden Gewalt« für den Aufbau des Staates haben wir bereits erörtert und sie in der Tat als konstitutiv erkannt. Daß es dagegen nicht angeht, den Staat als eine »Vielheit von Menschen« zu bezeichnen, ist durch unsere prinzipielle Analyse deutlich geworden. Der Staat *umfaßt* einen Bereich von Personen (die nicht notwendig *Menschen* sein müssen), aber diese Personen *sind* nicht der Staat. Andererseits ist es nicht notwendig, daß sie erst durch den Staat »zu einer Einheit zusammengefaßt« werden. Er kann sich auf der Grundlage eines bereits bestehenden Verbandes erheben. Ob das eine oder das andere der Fall ist, und ferner, welcher Art der Verband sein muß, der dem Staat als Grundlage dienen kann, das wird durch dessen Struktur offengelassen. Damit ist aber noch nicht gesagt, daß für die Existenz eines konkreten Staatsgebildes die eine wie die andere »mögliche« Grundlage gleich tauglich ist. Es könnte sehr wohl sein, daß in der Realität ein Staat nur »lebensfähig« wäre unter Bedingungen, die durch seine Struktur nicht als notwendig vorgezeichnet sind. Wir hätten dafür dann andere Faktoren verantwortlich zu machen, die am Aufbau des konkreten Staatswesens beteiligt sind. So vor allem die Struktur der Personen, die zu ihm gehören. Eine ganze Reihe von Problemen, die noch *vor* der empirischen Staatslehre liegen und für diese ebenso wie für eine Fundierung der praktischen Politik von Wichtigkeit sind, lassen sich nur von diesem Gesichtspunkt aus in Angriff nehmen.

b) Gesellschaft und Gemeinschaft als Grundlagen des Staates

Zunächst ist hier der Ort, um die früher behandelte Frage wieder aufzugreifen, ob der Staat als Gemeinschafts- oder als Gesellschaftsgebilde anzusetzen sei. Gesellschaften sind soziale Verbände, die willentlich begründet werden und in die freie Personen kraft eines Willensaktes eintreten und aus denen sie auf dieselbe Weise eventuell wieder ausscheiden. Diesem Typus würde der Staat nach der rationalistischen Auffassung entsprechen. Es herrschte darin – im Idealfall bei allen Individuen, mindestens aber bei einem Teil von ihnen – ein klarer Überblick über Aufbau und Zweck des Ganzen und ihre eigene Stellung darin. Und alles, was sie selbst oder was das Ganze vornähme, jede Veränderung im Innern und jede Aktion nach außen, wäre das Ergebnis einer Überlegung und eines freien Entschlusses. Denkbar wäre ein solches Gebilde, aber es wäre darum nicht als Staat anzusprechen, weil der Staat nicht – wie eine Gesellschaft – durch einen Willensakt von Individuen ins Dasein gerufen wird. Und außerdem wäre es ständig der Willkür der Individuen preisgegeben und in jedem Augenblick in seiner Existenz bedroht. Ein Beispiel dafür sind jene künstlichen »Staaten«, die gelegentlich von Diplomaten auf ihren Kongressen zurechtgeschnitten werden und dann unter dem Einfluß äußeren Zwanges zusammenhalten, aber auseinander fallen, sobald jener Druck nachläßt. Staaten sind auch sie, sofern die Staatsgewalt sich selbst konstituiert – wenn auch auf Grund von Motiven, die ihren Inhabern von außen nahe gelegt werden – und sofern ihr Herrschaftsanspruch anerkannt wird. Eben darum ist die gesellschaftliche Aktion nur Vorbereitung der Staatsgründung und fällt nicht mit dieser zusammen. Die vorstaatlichen Grundlagen, nicht der Staat selbst, wären in diesem Falle gesellschaftliche. Die Recht setzenden Akte sind hier produktiv; sie *schaffen* Verhältnisse, die von sich aus keinen Bestand haben. In dem gemeinschaftlich ausgebauten Staat dagegen sind die rechtlichen Bestimmungen nur Sanktionierung von sich aus erwachsender Verhältnisse. Er ruht in eigener Schwerkraft, sie ist das Fundament, auf dem sich der Recht setzende Wille etabliert, und die Quelle der Macht, die ihn stützt. Der Staat umfaßt hier eine mehr oder minder weit rationalisierte oder (was dasselbe sagt) mit gesellschaftlichen Elementen durchsetzte Gemeinschaft. Es ist noch zu fragen, ob der Staat auch als Form einer Gemeinschaft denkbar ist, deren Aufbau noch nicht ins Licht des Vernunftbewußtseins erhoben und nicht zum Inhalt rechtlicher Bestimmungen gemacht ist. Es scheint, als müßte mit dem gesetzgebenden Willen die Souveränität und damit die Staatlichkeit fortfallen. Es bleibt aber doch insofern etwas davon erhalten, als das Gebilde nicht von einer äußeren Macht, sondern von innen heraus gestaltet sein kann, wenn auch nicht durch spontane Akte. Damit ist die materiale Grundlage für einen Staat gegeben, und es kann jederzeit der Durchbruch zur Freiheit in unserem spezifischen Sinn des Wortes erfolgen.

c) Die Entstehung des Staates

Da das konkrete staatliche Gemeinwesen ebenso wie die Einzelperson ein sich entwickelndes Gebilde ist, so gehört die Untersuchung seines möglichen Entwicklungsganges mit in die Untersuchung seiner ontischen Struktur hinein. Dabei ist nicht aus dem Auge zu verlieren, daß der Charakter des Staates als solchen am konkreten Staatsgebilde wohl mehr oder minder rein und vollständig hervortreten, aber sich selbst nicht entwickeln kann. Wären die Staaten reines Produkt rechtswirksamer Akte, wie die Vertragstheorie lehrt, so ließe sich die Frage ihrer Entstehung und Fortbildung leicht beantworten. In einem bestimmten Zeitpunkt – für den es jeweils nur von dem Zufall der Überlieferung abhinge, ob er uns bekannt wäre oder nicht – würden sie kraft eines Willküraktes ins Dasein gerufen; desgleichen wäre jede Veränderung ihrer Struktur das Ergebnis eines zielbewußten und zeitlich punktuell bestimmten Willküraktes. Schwieriger ist die Frage, wenn, wie wir meinen, ein Staat nicht bloßes Produkt Recht setzender Akte ist (obwohl die rechtliche Konstitution ihn erst zum Staat im vollen Sinne macht), sondern an eine vorausgehende Gemeinschaftsentwicklung anknüpft. Diese Entwicklung besteht zum guten Teil in der Herausbildung sozialer Institutionen. Sie sind jene eigentümlichen, unsichtbaren, zeitlich bestimmten Gegenständlichkeiten, von denen wir anfangs sagten, daß sie ihr Dasein Personen verdanken, aber abgelöst von den Personen existieren. Daß sie das Produkt setzender Akte sein können, haben wir gesehen. Gibt es aber für sie noch eine andere Möglichkeit der Entstehung? Wir kennen Gegenständlichkeiten, die mit den rechtlichen und staatlichen Einrichtungen darin übereinstimmen, daß sie am Verhalten von Personen zur Gegebenheit kommen, als Formen, in denen sich ihr Leben abspielt, daß sie während einer gewissen Dauer existieren und dann wieder verschwinden. Wir nennen sie Sitten oder Bräuche, Gewohnheitsrecht u. dergleichen. Im Unterschied zu den durch Willkürakte geschaffenen Institutionen läßt sich bei ihnen der Zeitpunkt des Entstehens und Aufhörens nicht angeben. Und zwar nicht zufällig, sondern prinzipiell nicht. Sie »kommen auf« und »kommen ab«, und dieses Aufkommen und Abkommen ist nicht das Korrelat punktueller setzender Akte. Jellinek sagt gegen die Auffassung, welche »die natürliche Schöpfung von Recht und Staat behauptet«, sie übersehe »die fundamentale Tatsache, daß keine Institution ohne menschlichen ziel- und zweckbewußten Willen entstehen kann«. Man kann dazu nicht Stellung nehmen, ohne zu klären, was unter »natürlicher Schöpfung« auf der einen Seite zu verstehen ist, und auf der anderen Seite, was der Anteil des zweckbewußten Willens bedeutet. Unter »natürlicher Schöpfung« hat man sich jedenfalls kein »Naturgeschehen« zu denken (in dem strengen Sinne, in dem es im Gegensatz steht zu *geistigem* Geschehen). Wenn in einem Kreise von Gefährten sich die Gewohnheit herausbildet, daß bei gemeinsamen Unternehmungen einer von ihnen – und zwar immer derselbe – die Führung übernimmt und die anderen sich seinen Anordnungen fügen, wenn so eine feste Ordnung und Gliederung entsteht, so ist das kein »Naturvorgang«. Es ist ein geistiger Prozeß, bei dem gewisse richtunggebende Motive eine Rolle spielen: die größere Aktivität, die Fähigkeit zur Initiative beim Führer, die ihn zum Handeln treibt, bestimmt die anderen, indem sie ihre Anerkennung erweckt, ihm zu folgen. Daneben spielt in den einzelnen beteiligten Individuen die *psychische* Gesetzlichkeit, die wir als »Macht der Gewohnheit« bezeichnen, eine Rolle: die Herausbildung von Dispositionen zu Verhaltungsweisen, die man zunächst, von ursprünglicher Motivation geleitet, angenommen hat; von Schemata, auf die sich das psychische Geschehen einfährt. Wenn diese Dispositionen »fest« geworden sind – was eine nicht in scharfen Grenzen anzugebende Dauer erfordert –, so kann man von einem ihnen entsprechenden »Brauch« reden, nach dem die Individuen leben und der ihnen als eine von ihnen abgelöste Realität gegenübersteht. Wie verhält sich nun dieser geistig-psychische Prozeß zu dem Willkürakt, durch den eine dem Brauch entsprechende rechtliche Institution geschaffen werden könnte? Es ist sicherlich richtig, daß der Wille der Individuen, die in ihrem Zusammenleben gewisse Formen ausbilden, nicht ausgeschlossen ist. Sie verfolgen mit ihrem Verhalten gewisse Zwecke, und es ist möglich, daß sie dabei »willentlich« im spezifischen Sinne, d. h. aus einem freien Vorsatz heraus, handeln. Entscheidend ist, daß es jedenfalls nicht die Ausbildung des Brauches ist, worauf *während* seiner Ausbildung der

Zweck setzende Wille gerichtet ist. Während der gesetzgebende oder Recht setzende Wille die Form des Verhaltens, die den Inhalt der Rechtsbestimmung bildet, im Auge hat, ist bei dem Verhalten, für das sich ein Brauch herausbildet, etwas ganz anderes im Blickpunkt und die Form des Verhaltens ganz außer Betracht. Es besteht nun jederzeit die Möglichkeit, daß der geistige Blick sich dem Verhalten zuwendet, daß der Wille dem ausgebildeten Brauch seine Sanktion erteilt und ihn rechtskräftig macht oder auch sich gegen ihn wendet und ihn unterbindet.

Versteht man also die »natürliche« Entstehung nicht im Gegensatz zum Geistigen, sondern als eine nicht »künstliche«, d. h. willkürlichen Setzungen entspringende, so stellt sie den typischen Entwicklungsverlauf einer Gemeinschaft überhaupt dar. Den Charakter der Staatlichkeit erhält ein Gemeinwesen nach unserer Analyse durch den Besitz der Souveränität, d. h. der Freiheit, sich seine Institutionen aus sich heraus zu schaffen und alle seine Aktionen von sich aus zu vollziehen. Wir sprechen davon auch dann, wenn die souveräne Macht sich nicht ausdrücklich als solche konstituiert hat und von der anderen Seite nicht ausdrücklich anerkannt ist. Sie muß nur die Herrschaft ausüben und darin unangefochten sein. Und es gehört ferner dazu die prinzipielle Möglichkeit, in einem beliebigen Zeitpunkt die ausdrückliche Konstitution bzw. Anerkennung zu vollziehen.

d) Die prinzipiellen Grenzen der staatlichen Macht und die realen Bedingungen ihres Entstehens

Wir betrachteten als zur Souveränität gehörig die unbeschränkte Macht, in einem auf Grund eigener Konstitution abgegrenzten Herrschaftsgebiet Recht zu setzen. Und als möglichen Inhalt der rechtlichen Bestimmungen nahmen wir die Festsetzung bestimmter Formen des Lebens und Zusammenlebens in der Gemeinschaft, die den Wirkungsbereich jener Macht darstellt. Auf welche Gebiete des Lebens sich die Rechtsbestimmungen erstrekken können, darüber haben wir nichts gesagt. In der geforderten Unbeschränktheit der Souveränität liegt aber beschlossen, daß es prinzipiell keine Grenze dafür geben kann (wenigstens soweit Begrenzung durch eine andere Willensmacht in Frage kommt), wenn auch faktisch sehr vieles von staatlicher Regelung frei bleiben mag und wenn sich darüber hinaus sogar noch zeigen läßt, daß zu weitgehende Ausdehnung der Staatsallmacht dem Staat selbst schädlich sein kann. Diese Verhältnisse haben wir schon gestreift, als wir von den Beziehungen des Staates zu anderen sozialen Gebilden sprachen und speziell zu den ihm ein- bzw. untergeordneten Verbänden. Der Staat umfaßt Gemeinschaften und Gesellschaften, überhaupt alle möglichen Gruppen von Individuen, die teils in seinem Machtbereich beschlossen sind, teils auf den Machtbereich anderer Staaten übergreifen und in diesem Fall durch die staatlichen Grenzen gegliedert werden. Diese Gruppen sind zumeist ohne Zutun des Staates entstanden und ausgebildet worden, und es ist möglich, daß sie während ihrer ganzen Dauer niemals mit ihm in Berührung kommen, wie es z. B. für Freundschaftsverhältnisse die Regel ist. Andererseits kann es sein, daß der Staat irgendwann seine Hand auf sie legt, wie es bei der Familie bzw. Ehe durch die Ausbildung eines staatlichen Eherechts, durch die staatliche Regelung der rechtlichen Beziehungen von Eltern und Kindern geschieht. Sogar das Recht, das in so engen Beziehungen zum Staat steht, ist nicht seine alleinige Domäne. Eine private Genossenschaft (eine Zunft z. B.) kann als Willenssubjekt auftreten und sich gesetzgebend betätigen, vornehmlich ihre eigene Organisation nach freier Willkür regeln. Sogar die Wahrung dessen, was als Recht erkannt (nicht bloß willkürlich gesetzt) ist, die Ahndung von Verbrechen u. dergleichen kann von privaten Verbänden in die Hand genommen werden, und zwar für einen weiteren Bereich als der rechtsübende Verband (man denke an die geheime Feme) ihn darstellt, eventuell für ein ganzes Staatsgebiet. Der Staat, innerhalb dessen Herrschaftsbereich das geschieht, bleibt als solcher unangetastet, so lange es nicht mit überwiegender Macht gegen seinen Willen durchgesetzt wird, sondern von ihm zugelassen mit dem ausdrücklichen oder stillschweigenden Vorbehalt, daß er jederzeit das von anderer Willensmacht gesetzte Recht von sich aus außer Kraft setzen und eigene Bestimmungen dafür ergehen lassen kann. So lange nämlich handelt es sich um eine Selbsteinschränkung der Staatsgewalt, die keine Einschränkung der Souveränität bedeutet.

So steht es mit allem, was durch Willkür geschaffen oder doch willkürlicher Beeinflussung zugänglich ist, nur wo die Domäne willentlicher Regelung ein Ende hat, da sind auch der Staatsmacht und ihrem Zugreifen prinzipielle Grenzen gesetzt. Das praktische Verhalten der Individuen kann in der mannigfachsten Weise durch staatliche Vorschriften eingeschränkt und in Formen gepreßt werden, und es ist möglich, auf diese Weise ihre Persönlichkeitsentwicklung in bestimmter Richtung zu dirigieren und einen Menschentypus künstlich zu züchten. Aber die persönliche Eigenart, die aller Persönlichkeitsentwicklung zugrunde liegt und ihren möglichen Abwandlungen feste Grenzen setzt, läßt sich weder vorschreiben noch verbieten. Sie entfaltet sich in immer neuer Differenzierung unter dem uniformen Typus des preußischen Beamten – ihn durchbrechend oder doch von Person zu Person stets neu variierend, schlimmstenfalls unter ihm verborgen – ebenso gut wie in den ungezügelt aufwachsenden und sich selbst behauptenden Renaissancemenschen. Und wie mit der persönlichen Eigenart, so steht es mit allem, was in ihr verankert ist, mit allem, was dem Reich der Seele angehört: Stellungnahmen der Person, inneren Beziehungen zwischen Personen und Schöpfungen des Geistes. Der Staat kann es den ihm unterstehenden Personen verbieten, sich unter frei gewählten Formen sichtbar miteinander zu verbinden. Aber daß sie sich zueinander hingezogen fühlen und daß eine innere Gemeinschaft zwischen ihnen erwächst, das ist durch kein Verbot zu hindern, wie auf der anderen Seite kein Gebot die Kraft hat, eine Gemeinschaft zu begründen. So kann der Staat schließlich auch Kultusformen und öffentliches Bekenntnis zu irgendeiner Konfession vorschreiben oder verbieten. Aber auf das Verhältnis der Seele zu Gott kann kein Gebot oder Verbot einer äußeren Macht einen Einfluß üben.

Diese Zusammenhänge schweben wohl Jellinek vor, wenn er sich gegen die Theorie von der Staatsallmacht wendet. »Die Rechtslehre behauptet, daß der souveräne Staat jeder anderen organisierten Gewalt überlegen, keiner untertan sei. Aber den gewaltigen Mächten des sozialen Lebens, die nicht in der Form bewußter Willensmacht wirken, ist der Herrscher selbst untertan.« Es fehlt nur hier – wie bei Jellinek überhaupt – die Unterscheidung zwischen den *prinzipiellen* Grenzen der staatlichen Einflußsphäre und den *faktischen* Abhängigkeitsverhältnissen, in denen der Staat und die anderen sozialen Gruppen bzw. die Individuen stehen. Wenn *tatsächlich* keiner der erfahrungsgemäß bekannten Staaten für die musikalische Ausbildung seiner Bürger sorgt, so ist damit nicht gesagt, daß es keinen Staat geben *könne*, der entsprechende Institutionen schüfe und ihre Benützung als verbindlich erklärte. Dagegen wäre es widersinnig, wenn dieser Staat es den Individuen zugleich vorschreiben wollte, daß sie mit einer bestimmten musikalischen Veranlagung zur Welt zu kommen hätten. Andererseits würde der historische Nachweis, daß die bestehenden Staaten sämtlich von gewissen sozialen Gruppen bedingt sind, die sie umfassen oder an denen sie Anteil haben, nicht zeigen, daß diese Abhängigkeitsverhältnisse bestehen *müssen* und daß prinzipiell kein Staat denkbar sei, der seinen ganzen Aufbau seinen eigenen Bestimmungen verdanke.

Einer besonderen Untersuchung bedürfen noch jene Selbsteinschränkungen der Staatsgewalt, von denen wir schon gelegentlich sprachen: sie fallen in das Gebiet der Freiheit selbst und hängen zusammen mit der eigentümlichen rückwärtigen Bindung, die zu jeder Rechtsetzung gehört, und mit ihrer Verankerung in einem Adressaten. Mit jeder seiner Bestimmungen verpflichtet sich der Staat, diese Bestimmungen zu wahren, und läßt in den Personen seiner Herrschaftssphäre den Anspruch darauf erwachsen, daß das geschieht. Außer diesem gemeinsamen und sozusagen formalen Anspruch auf Beachtung des staatlichen Rechts, an dem alle zum Staate Gehörigen Anteil haben, gibt es inhaltlich bestimmte Ansprüche einzelner Personen oder Verbände oder auch der ganzen staatlichen Gemeinschaft entsprechend dem Inhalt der Rechtsbestimmungen und ihrer Adressaten. Dahin gehören die Ansprüche, die durch die Einsetzung staatlicher Organe begründet werden, und die Rechte, die ihnen entsprechen. Wenn ein Staat als erbliche Monarchie konstituiert wird, so erwächst daraus dem jeweiligen Erben der Krone der Anspruch, als Repräsentant des Staates anerkannt zu werden, und das Recht, in seinem Namen – allein oder in Gemeinschaft mit anderen vorgesehenen Organen – Akte zu vollziehen. Jede Verfassung stellt eine solche Selbstbindung des Staates dar, durch die eine ganze Reihe von »Rechten auf Organstellung« (nach einem Terminus von Bernatzik) begründet werden. Der Staat grenzt damit aus dem Bereich von Möglichkeiten, die ihm für den Vollzug seiner Akte zur Verfügung stehen, gewisse heraus, auf die er sich festlegt. Daran muß aber festgehalten werden, daß diese Festlegung allein Sache des Staates ist und daß die subjektiven Rechte, die daraus erwachsen, staatlichem Recht ihren Ursprung verdanken. Bernatzik läßt das außer acht, wenn er von den Kommunen in manchen Staaten sagt: »sie haben einerseits eigene Rechte *ohne* Organstellung, sie sind andererseits staatliche *Organe*, die jedoch auf ihre Kompetenz ein eigenes *Recht* haben, sie sind endlich staatliche Organe *ohne* eigene Rechte auf die bezügliche Kompetenz.« Einmal handelt es sich hier nur um inhaltliche Unterschiede der kommunalen Rechte und nicht um Unterschiede ihres rechtlichen Charakters. Alle subjektiven Rechte (soweit sie auf positiv-rechtliche Geltung Anspruch machen können) sind letztlich im Staate verankert. Es mag Gemeinden geben, die älter sind als die Staaten, denen sie angehören, und sie mögen aus ihrer Vergangenheit die Ausübung gewisser Funktionen herübergerettet haben. *Rechtmäßig* ist diese Ausübung nur, sofern sie ihnen vom Staat *überlassen* ist (was auch stillschweigend geschehen kann), und ein Recht ohne Organstellung nur, solange der Staat darauf verzichtet, die betreffende Funktion mit Beschlag zu belegen und sie evtl. durch die Gemeinden in seinem

Namen ausüben zu lassen, statt ihnen die Ausübung von sich aus zu erlauben. Staatliche Organe ohne eigenes Recht auf die betreffende Kompetenz gibt es überhaupt nicht. Man kann unterscheiden zwischen Rechten auf Organstellung, die eine Gemeinde von sich aus beantragt hat, und solchen, die ihr vom Staate ohne eigenes Begehren überwiesen wurden (man denke etwa an die Einziehung der Staatssteuern) und die sie von sich aus vielleicht niemals geltend machen würde. Das ändert nichts daran, daß sie in dem Moment, wo sie mit der Ausübung einer staatlichen Funktion betraut wird, auch mit einem Recht auf diese Ausübung ausgestattet wird.

Neben der »rückwärtigen« Bindung des Staates durch sein eigenes Recht haben wir noch eine andere innerhalb der Sphäre der Freiheit kennen gelernt: das Angewiesensein auf die Anerkennung derer, an die sich sein Herrschaftsanspruch wendet. Wir sprachen davon, daß ohne diese Anerkennung der Staat nicht existieren könne. Das muß noch näher präzisiert werden. Man kann in doppeltem Sinne von einer »Verletzung« des Staates sprechen: bei einer *Übertretung* seiner Gesetze und bei Gesinnungen und Handlungen, die eine Spitze gegen ihn selbst haben, die seine *Autorität leugnen* (was bei der bloßen Übertretung keineswegs der Fall zu sein braucht). Die bloße Übertretung hebt die Souveränität nicht auf. So wenig die Freiheit der Person dadurch aufgehoben wird, daß sie sich »treiben läßt« und nicht auf ihre Spontaneität zurückgreift. Wie die Person jederzeit die »Herrschaft über sich selbst« wieder an sich nehmen kann, so kommt die Unverletztheit der Souveränität bei Durchbrechung der staatlichen Bestimmungen in dem *Recht zu strafen* zum Ausdruck. Anders liegt es, wenn das Bestimmungsrecht der Staatsgewalt offen angefochten oder durch geflissentliche Nicht- Beachtung der Gesetze als nichtig hingestellt wird. In diesem Falle ist die Souveränität strittig und die Existenz des Staates in Frage gestellt. Verfügt er über Mittel, die imstande sind, den widerstrebenden Elementen die verweigerte Anerkennung abzunötigen, und macht er von ihnen Gebrauch, so gelangt er über den Schwebezustand hinaus zu einer Neubefestigung. Fehlen solche Mittel, so ist der Staat aufgehoben, mag auch das Fortbestehen gewisser staatlicher Funktionen darüber hinwegtäuschen.

Die Möglichkeit der Vernichtung des Staates läßt uns das Problem der »Anerkennung« noch von einer anderen Seite erwägen. Wir haben bisher nur die Gebundenheit der Souveränität an die Anerkennung derer betrachtet, die zum Herrschaftsbereich des Staates gehören. Da uns die Souveränität aber gleichbedeutend war mit Freiheit des Staates in seiner Selbstgestaltung, hat sie auch ein »nach außen« gewendetes Gesicht. Sie bestimmt das Verhältnis des Staates zu anderen Staaten, und es muß untersucht werden, ob er nicht auch auf deren Anerkennung angewiesen ist. Im faktischen Staatenverkehr gilt ja ein neu begründeter Staat (oder eine neue Staatsgewalt) erst dann als zu Recht bestehend, wenn er von den Regierungen der anderen Staaten anerkannt ist. Ein *Recht* der bestehenden Staaten, bei der Gründung eines neuen mitzuwirken, kann keineswegs zugegeben werden. Der Staat kann, wie immer wieder betont wurde, nur kraft eigenen Rechts bestehen. Aber der Anspruch, in den durch seinen eigenen Machtspruch abgesteckten Grenzen anerkannt zu werden, richtet sich nicht nur an die zu seinem Herrschaftsbereich gehörenden Willenssubjekte, sondern auch an die außerhalb stehenden, von denen er gleichfalls angefochten werden könnte. Sich eine Herrschaftssphäre abgrenzen, heißt sie dem möglichen Zugreifen anderer souveräner Mächte entziehen, und das ist nicht ohne deren Zustimmung möglich. Die Begrenzung einer Herrschaftssphäre, die durch das Abstecken einer fremden gegeben ist, wäre eine Einschränkung der Souveränität, wenn sie nicht als Selbstbegrenzung erfolgte, und das geschieht in der Form der Zustimmung. Diese braucht ebenso wie die der Personen, die zu der betreffenden Herrschaftssphäre gehören, nicht ausdrücklich vollzogen zu werden. Wenn die fremden Regierungen mit der neu begründeten in Verkehr treten, so ist die Zustimmung darin impliziert. Und es genügt auch schon, wenn sie ihr die Herrschaftssphäre, die sie für sich beansprucht, stillschweigend überlassen, ohne Eingriffe zu versuchen oder sie sich auch nur vorzubehalten. Erfolgt dagegen von irgendeiner Seite ein Einspruch gegen die Etablierung einer neuen Staatsgewalt – sei es gegen die Form, die sie sich gibt, oder gegen die Art der Abgrenzung ihres Gebiets –, so ist der Staat damit in suspenso gesetzt. Erst wenn er Mittel und Wege findet, die anderen zur Zustimmung zu bewegen, ist seine Existenz gesichert. Solange das nicht der Fall ist, solange andere in sein Gebiet hineinregieren oder es sich doch vorbehalten, das zu tun, mag das Gemeinwesen, das sich als Staat konstituieren will, nach manchen Richtungen hin wie ein Staat funktionieren, es können darin sogar alle staatlichen Funktionen schon fertig ausgebildet sein – das ändert nichts darin, daß es zur Existenz als Staat noch nicht völlig durchgedrungen ist.

e) Staat und politische Funktion. Verfall des Staates

Das führt uns auf eine ganz neue Frage: Wie ist es möglich, daß staatliche oder *politische Funktionen* bestehen, ohne daß ein Staat vorhanden ist? Wir finden Gemeinwesen, die solche Funktionen aufweisen, auf dem Wege zum Staat und bei seinem Verfall, und sie machen es verständlich, daß die konstitutive Bedeutung der Souveränität verkannt werden konnte, daß man nicht-souveräne Gemeinwesen als Staaten in Anspruch nehmen wollte. Dieser Auffassung ist erst endgültig der Boden entzogen, wenn wir zeigen können, daß der Begriff der politischen Funktion und daß jene nicht-souveränen Gemeinwesen selbst nur vom souveränen Staate aus gefaßt werden können.

Unter politischen Funktionen werden wir sinnvollerweise die Leistungen des Staates oder innerhalb des Staates verstehen, die für seine Existenz unerläßlich sind, und unter seinen Organen die Personen oder Körperschaften, deren er als Träger jener Funktionen bedarf. Das wichtigste Organ des Staates ist die *Regierung*, d. h. die Staatsgewalt, durch deren Selbsteinsetzung er in Erscheinung tritt und durch die er sich vernehmlich macht. Ihre Funktion ist die Staatsleitung, und dazu gehört die Veranstaltung staatlicher Aktionen, die Rechtsetzung (Aufstellung von Normen für das soziale Leben innerhalb ihrer Herrschaftssphäre) und die Sorge für die Durchführung ihrer Bestimmungen und ihrer Befehle. Hat es einen Sinn, in einem nicht- staatlichen Gemeinwesen von einer Regierung zu sprechen? Aktionen des Ganzen gibt es zweifellos auch hier (wenn eine Stadt z. B. Lieferungsverträge abschließt, um den Bedarf ihrer Bürger zu decken, oder Wohlfahrtseinrichtungen trifft und dergleichen), und es kann auch Organe geben, die im Namen des Ganzen solche Aktionen einleiten. Aber das Gemeinwesen fällt nicht in sich zusammen, wenn es ihm an einem Zentralorgan (und an Organen überhaupt) mangelt. Man kann sich eine Dorfgemeinde denken, deren Glieder gemeinschaftlich handeln (ihr Feld bestellen, ernten, Feste feiern und dergleichen) und die so als ein Ganzes in Erscheinung tritt, ohne daß ein Organ vorhanden ist, das dieses Ganze repräsentiert und seine Aktionen leitet. Zu ihrer Existenz bedarf es keiner gültigen Normen, die ihr Leben regeln, darum auch keiner Quelle, von der solche Normen ausgeben, und keiner Vollzugsgewalt, die für ihre Durchführung sorgt. Die staatliche Sphäre fehlt hier überhaupt. Dagegen ragt in ein Gemeinwesen, das eine feste »Willensorganisation« zeigt, die staatliche Sphäre immer schon in gewisser Weise hinein. Die Willensleitung als solche, die Direktion gemeinschaftlicher Aktionen, hat in sich einen Hinweis auf ein letztes Zentrum, das an keine andere Instanz mehr gebunden ist. Es gibt Gemeinwesen, die dieses letzte für ihre Aktionen verantwortliche Zentrum nicht in sich haben: sie sind dann getragen von einer staatlichen Sphäre, die in sie hineinragt, sind aber nicht selbst Staaten. Oder sie haben ihren Schwerpunkt in sich selbst und werden nicht von außen dirigiert, es hat sich in ihnen aber noch keine souveräne Staatsgewalt als solche konstituiert: dann ist der Durchbruch zur staatlichen Sphäre noch nicht vollzogen, obwohl sie sich bereits im Leben und in der Organisation des Gemeinwesens bemerkbar macht. Das zeigt sich bei der Befehlsgewalt sowohl als bei der Rechtsetzung und -sprechung. Da alles geltende Recht auf ein Recht setzendes Subjekt zurückweist, muß überall, wo Recht gilt und gewahrt wird, auch ein Subjekt sein, das entweder von sich aus oder von anders her ermächtigt ist, Recht zu setzen und zu wahren. Im einen Fall ist der Bereich, in dem das Recht gilt, ein Staat, im anderen ein in Abhängigkeitsverhältnis zu einem Staat stehendes Gemeinwesen. Die Befehlsgewalt ist vom Recht insofern nicht loszulösen, als sie selbst ein subjektives Recht darstellt und somit auf rechtswirksame Akte zurückweist. Wo es eine anerkannte Befehlsgewalt gibt (und nur da kann von politischen Funktionen die Rede sein), da besteht sie entweder kraft eigenen – d. h. von der Befehlsgewalt selbst gesetzten – oder kraft fremden Rechts, also immer in Verbindung mit einer souveränen Staatsgewalt.

Die politischen Funktionen sind also unlösbar an den Staat, so wie wir ihn verstehen zu müssen glauben, gebunden. Daß sie sich auch in Gemeinwesen finden, die nicht als Staaten in unserm Sinn aufzufassen sind, läßt sich unter verschiedenen Bedingungen als möglich begreifen: 1. wenn jene Gemeinwesen in einen Staat eingebettet und die politischen Funktionen, die sie ausüben, in ihm verankert sind; 2. wenn sie »auf dem Wege zum Staate« sind, d. h. dem eigenen Sinn ihrer Organisation nach zur Konstitution als Staat hindrängen; 3. wenn sie als Zerfallsprodukte des Staates gleichsam stehen geblieben sind. Diesen letzten Fall haben wir noch nicht erwogen, und es sind noch einige Worte darüber zu sagen. Es ist möglich, daß ein Staat von einem anderen unterworfen wird und daß dieser andere an seiner Stelle die Befehlsgewalt übernimmt, aber das entstaatlichte Gemeinwesen in weitem Umfange so weiterlaufen läßt wie vorher: es kann ihm seine Zentralgewalt mit allerhand politischen Funktionen gelassen werden, nur daß sie jetzt nicht mehr kraft eigenen, sondern kraft fremden Rechts besteht. Eine Bindung der politischen Funktionen besteht dann in doppeltem Sinn: an den vernichteten Staat, der sie ausgebildet hat, und an den herrschenden, in dem sie neu verankert sind.

Daneben besteht die Gefahr einer Auflösung des Staates von innen her: dadurch, daß die Staatsgewalt nicht mehr anerkannt, daß ihre Bestimmungen nicht mehr befolgt werden. Die aktive oder passive Resistenz der Bürger braucht sich nicht auf alle Funktionen des Staates zu erstrecken. Es ist denkbar, daß sie von bestehenden staatlichen Einrichtungen wie Schulen, Bibliotheken, Versicherungen und dergleichen in großem Umfang weiter Gebrauch machen, daß sie in ihren Rechtshändeln die staatlichen Gerichte anrufen und nur dort, wo ihr privates Interesse gefährdet erscheint, sich den staatlichen Machtsprüchen entziehen. Wo eine Ahndung solcher fortgesetzter Leugnung der Staatsautorität nicht mehr möglich ist, da ist nach unserer Auffassung der Staat als aufgelöst zu betrachten. Eine Bindung des noch fortbestehenden Gemeinwesens an einen *bestehenden* Staat liegt in diesem Falle nicht mehr vor. Aber die noch in Kraft belassenen Funktionen sind nur *sinnvoll* im Zusammenhang eines vollen Staates und weisen ihrem Ursprung nach auf einen solchen zurück. Aus einer Untersuchung der faktisch vorfindlichen Staaten sind diese Zusammenhänge zwischen Staatlichkeit und Souveränität, wie sie sich uns aufdrängten, allerdings nicht zu gewinnen.

f) Staat und Land

In Jellineks Definition des Staates war der »Teil der Erdoberfläche«, an den er gebunden ist, als konstitutiver Faktor genannt. Wie es damit steht, das ist noch zu untersuchen. Die Frage gehört hinein in den Problemkreis der Naturgrundlagen des Staates. Die Beschaffenheit von Land und Volk stehen in noch zu erörternden nahen Beziehungen. Es scheint, daß die »Natur« des Landes auf die der Bewohner von Einfluß ist, und ferner, daß sie an Zahl und Charakter des Volkes gewisse Anforderungen stellt, die erfüllt sein müssen, wenn die Existenz eines Staates auf diesem Gebiet möglich sein soll. *Vor* diesen Fragen aber liegt die andere, ob denn überhaupt die Gebundenheit an ein Landgebiet für den Staat als solchen konstitutiv ist. Das Faktum, daß die modernen Staaten, an die wir naturgemäß zuerst zu denken pflegen, ein festes Territorium besitzen und in ihrer ganzen Struktur den Einfluß dieses Territoriums zeigen, macht die Erörterung dieser Frage natürlich nicht überflüssig. Die Untersuchung zeigt, daß sie negativ zu beantworten ist. Fürs erste ist zu bemerken, daß die Möglichkeit eines Staates, dessen Fundament rein geistige Personen wären, sich nicht von der Hand weisen läßt. Wir könnten uns ein wohl organisiertes Geisterreich denken, dessen fest geordnete Lebensformen rein seiner eigenen Machtvollkommenheit entspringen. Alle möglichen Staatsformen können wir hier wieder finden. Solange sich ihre Wirksamkeit nicht in den Raum hinein erstreckt – was nicht prinzipiell ausgeschlossen ist –, sind sie von jeder Bindung an dem Raum überhaupt und damit an irgendeinen Teil des Raumes frei. Und auch wenn sie sich in gewisser Weise mit dem Raum einlassen, z. B. den Ablauf des Geschehens auf einem Planeten beeinflussen, brauchen sie sich doch an diesen Raumkörper nicht zu binden, denn sie behalten ihren unangreifbaren unsichtbaren Herrschaftsbereich, von dem aus sich ihre Wirksamkeit in die sichtbare Welt hinein erstreckt, so wie ein irdischer Staat seine Wirksamkeit auf Gebiete ausdehnen kann, die nicht zu seiner Herrschaftssphäre gehören (etwa in der Form des Handelsverkehrs).

Anders steht es, wenn die Personen, die das Fundament eines Staates bilden, eine leibliche Konfiguration irgendwelcher Art besitzen. Leiblich gestaltete Individuen sind notwendig immer in einer Raumsphäre, und zwar in einer solchen, die ihrer Konfiguration angemessen ist. Und wenn sie einen Staat bilden, so muß dieser Staat eine solche Raumsphäre als seinen Herrschaftsbereich haben, weil er sonst nicht in der Lage wäre, sich die freie Verfügung über die Lebensformen seiner Bürger zu sichern, und stets Gefahr liefe, in Abhängigkeit von einer fremden Willensmacht zu geraten, d. h. seine Souveränität und damit seinen Charakter als Staat zu verlieren. Von da aus können wir – um wieder auf irdische Verhältnisse zu sprechen zu kommen – die Frage erwägen, ob fest organisierte Nomadenhorden als Staaten anerkannt werden können. Sicherlich ist es nicht notwendig für den Staat, daß stets dasselbe Territorium seinen Herrschaftsbereich bildet. Er braucht nur einen ausreichenden Spielraum für seine Bürger, prinzipiell können das aber wechselnde Teile der Erdoberfläche sein. Es ist nur dabei zweierlei anzumerken: 1. es muß genügend Raum vorhanden sein, der noch nicht von anderen Mächten mit Beschlag belegt ist; sobald ein Nomadenstamm darauf angewiesen ist, sich im Territorium eines anderen Staates anzusiedeln, gerät er in Abhängigkeit von diesem, und damit ist er prinzipiell der Möglichkeit zu eigener Staatsbildung beraubt (wofern es ihm nicht gelingt, den bestehenden Staat zu verdrängen und einen eigenen an seine Stelle zu setzen); 2. wenn ein staatlich organisiertes Volk sich einem Territorium vermählt hat, so trägt das konkrete Staatsgebilde das Gepräge des Landes. Wird nun das Land vom Volk verlassen und dieses in einem anderen Gebiet angesiedelt, so kann der Charakter des konkreten Gebildes sich dermaßen wandeln, daß man nicht mehr von demselben Staat sprechen kann, sondern sagen muß: der alte Staat ist untergegangen und ein neuer entstanden. Die Tatsache aber, daß ein bestimmtes Staatsgebilde die Aufgabe seines Territoriums nicht überleben kann, beweist nicht, daß zum Staat als solchen die Gebundenheit an ein bestimmtes Territorium gehört.

Die Hauptfrage des Verhältnisses von Staat und Land ist damit geklärt, und wir haben nun die prinzipiell möglichen Formen der Abhängigkeit beider zu untersuchen. Wie die Gebundenheit des Staates an ein Territorium überhaupt die Folge der leiblichen Figuration der ihm angehörigen Individuen ist, so sind auch alle möglichen Beziehungen zwischen beiden nur von hier aus zu verstehen. Der Staat bedarf des Landes, sofern die Bürger seiner bedürfen, und von der besonderen Art dieser Bedürfnisse hängen die Forderungen ab, die jeweils an die Beschaffenheit des Landes zu stellen sind. Denken wir uns Personen mit Phantomleibern, d. h. rein visuell qualifizierten ohne materiellen Aufbau, so wäre das, was sie von ihrer räumlichen Herrschaftssphäre verlangen müßten, nur ausreichende Größe, Beleuchtungsverhältnisse und dergleichen, die ihnen die Möglichkeit einer ungehinderten Entfaltung ihrer sichtbaren Erscheinung garantierten. Nehmen wir dagegen Personen vom menschlichen Typus, mit einem materiellen Leibe, der darauf angewiesen ist, seine Aufbaustoffe aus der materiellen Welt, in die er hineingestellt ist, zu ergänzen, so wird eine bestimmte materielle Beschaffenheit des staatlichen Herrschaftsbereichs erforderlich. Er muß die Stoffe, deren die Individuen bedürfen, in ausreichender Menge enthalten, oder doch Stoffe, die eine Überleitung in die erforderlichen zulassen. Hier wird die *Stellung der Wirtschaft* im Aufbau des Staates deutlich. Wirtschaft ist ihrem ursprünglichen Sinne nach die Organisation der Bedürfnisbefriedigung. Dabei zeigt sich zugleich die wechselseitige Abhängigkeit von Land und Bewohnern. Wenn die »Rohstoffe« eines Gebiets nicht genügen, um die Bedürfnisse zu befriedigen, so stehen verschiedene Wege offen, um für die Befriedigung Sorge zu tragen. 1. Es können Mittel gefunden werden, um die im Lande vorhandenen Stoffe in die erforderlichen umzuwandeln. 2. Es kann neues Land hinzu erworben werden, das ausreichend Stoffe liefert. 3. Es können aus anderen Ländern die nötigen Stoffe bezogen werden. Der dritte Weg birgt die Gefahr, in Abhängigkeit zu geraten und als selbständiges Staatswesen unterzugehen, sofern es sich nicht um einen auch von der anderen Seite erforderten Austausch handelt. Daß *einer* dieser Wege beschritten werden muß, ist ein Zwang, den die Beschaffenheit des Landes auf die Bewohnerschaft ausübt. Präziser ausgedrückt: die Beschaffenheit des Landes ist Motivationsgrundlage für die Betätigungsrichtung der Bewohnerschaft. *Welcher* der verschiedenen möglichen Wege gewählt wird, das hängt nicht mehr von der Natur des Landes ab (jedenfalls nicht in derselben Form), sondern von der besonderen Veranlagung der Menschen. Physische Kraft wird auf den Weg der Eroberung hindrängen, Intelligenz und Arbeitsamkeit auf den einer möglichst rationellen Auswertung der Landeserzeugnisse, eine gewisse geistige Beweglichkeit und Schmiegsamkeit auf den des äußeren Handelsverkehrs. Bestimmte bisher nicht erwogene Eigentümlichkeiten des Landes (wie die Lage am Meer oder im Gegensatz dazu die Abgeschlossenheit von anderen Landschaften) können als Motive der Entscheidung in der einen oder anderen Richtung hinzukommen und die Ausbildung des einen oder anderen Typs, der im Bereich der Entwicklungsmöglichkeiten liegt, befürworten. Bei völlig gleicher Naturgrundlage entscheiden die Differenzen der persönlichen Veranlagung. Ob diese selbst noch von der Natur des Landes abhängt, ist eine weitere Frage. Diese Abhängigkeit würde jedenfalls nicht mehr die Form der Motivation haben, es käme nur ein Kausalzusammenhang in Betracht. Denkbar wäre es, daß von der materiellen Beschaffenheit des Leibes – der ja seinerseits aufgebaut ist aus den Stoffen der materiellen Umwelt, in der er heranwächst – ein Einfluß auf die psychischen Anlagen der Menschen ausginge. Dann wäre in gewissem Sinne der Charakter »Produkt der Natur«. Ob dem so ist, das wäre nur nach umfassenden Untersuchungen über die psychophysischen Zusammenhänge zu entscheiden, die wir hier nicht führen können. Daneben besteht die Möglichkeit eines *geistigen* Einflusses der Natur auf die Personen, die darin aufwachsen: vermöge der Einwirkung, die das Gemüt von dem »Charakter« der Landschaft, ihrer Düsterkeit oder Anmut und dergleichen empfängt. Man könnte sich denken, daß eine Landschaft, die ihrer physischen Beschaffenheit nach geeignet wäre, die Bewohner zur höchsten Aktivität anzuspornen, weil es angestrengte Tätigkeit erfordert, ihr die nötigen Erträgnisse abzunötigen, durch ihren Charakter lähmend auf sie einwirkt und sie nicht zu der geeigneten Organisation kommen läßt, während ein unternehmungslustiger Eroberer sie ohne weiteres ins Werk setzt.

Die Umgestaltung des Bodens (durch Bewässerung, Anpflanzung und dergleichen) sowie alle anderen menschlichen Einrichtungen, die den Zweck haben, das vorhandene Material für die Befriedigung der Bedürfnisse nutzbar zu machen, unterwerfen das Land dem Einfluß der Bewohner, so daß es einen starken Wandel durchmachen kann und aufhört, reine »Natur« zu sein. (Darum ist die Wissenschaft, deren Objekt die Länder der Erde sind – die Geographie –, ihrem vollen Bestande nach keine Naturwissenschaft. Sie nimmt die »Erde«, so wie sie sie vorfindet, als Schauplatz des historischen Geschehens und mit allen Spuren der Geschichte, die darüber hingegangen ist.) Das Territorium eines Staates ist also – ebenso wie seine Bevölkerung – nicht ohne weiteres als Naturgrundlage in Anspruch zu nehmen, sondern beide sind »gemischte« Gegenständlichkeiten, an denen Natur und Geist Anteil haben, und nur durch eine abstrakte Betrachtung ist herauszulösen, was an ihnen Natur ist und naturwissenschaftliche Behandlung zuläßt.

Die Wirtschaft gehört zu den Gebieten, die der Staat, je nach den Umständen, von sich aus organisieren oder der Tätigkeit der Individuen und privater Verbände überlassen kann. Tritt der Staat als Wirtschaftssubjekt auf, so gilt von ihm, daß er sich ein Territorium – in Grenzen, welche die Naturgegebenheit absteckt – selbst gestattet. Eine Landschaft verändert ihr Gesicht nicht minder, wenn verschiedene Völker und Staatenbildungen sich auf ihrem Boden ablösen, wie ein Volk unter dem Einfluß verschiedener Territorien, die es nacheinander bewohnt, seinen Charakter ändert. Wenn die Wirtschaft privater Initiative überlassen ist, so bleibt es dem Staat doch vorbehalten, regelnd einzugreifen. Und wenn er sich auch nicht als Subjekt am Wirtschaftsleben beteiligt, so wird er ihm doch gewisse Formen vorschreiben bzw. untersagen, indem er Rechtsbestimmungen dafür ergehen läßt.

Es gibt jeweils ein Territorium, das dem Staat »natürlicherweise« zugehört, auch wenn er rechtlich und faktisch noch nicht sein Eigentümer ist, und aus dieser »prästabilierten Harmonie« versteht es sich, daß er danach trachten wird, es in seine Gewalt zu bekommen. Der Umkreis dieses Territoriums begrenzt sich einmal nach dem Maß der Bedürfnisse. Wenn ein Territorium auch bei Ausnützung aller Möglichkeiten zur Umwandlung und Verwendung der vorhandenen Stoffe nicht hergibt, wessen seine Bewohner bedürfen, so ist eine Erweiterung erforderlich, um den Staat nicht in Botmäßigkeit geraten zu lassen. Daneben besteht noch ein anderes Prinzip der Abgrenzung: nach der »geographischen Individualität« (im Sinne *Karl Ritters*). Die Erde gliedert sich in eine Reihe von Erdteilen und Ländern, die in sich geschlossene Einheiten darstellen. Wenn die Staatsgrenze ein solches geographisches Individuum durchschneidet, wird auf beiden Seiten das Verlangen entstehen, die aufgehobene Einheit herzustellen bzw. die natürliche Einheit in eine staatsrechtliche zu verwandeln. Man könnte fragen, ob das geographische Individuum gleichbedeutend sei mit einem geschlossenen »Bedarfsgebiet« (d. h. einem durch die Fähigkeit, die Bedürfnisse seiner Bewohner nach allen Richtungen zu decken, geeinten). Aber die Entscheidung dieser Frage, die wir hier nicht untersuchen wollen, ist nicht von ausschlaggebender Bedeutung. Auch wenn das geographische Individuum nur seiner anschaulich faßbaren Gestalt nach und ohne alle Rücksicht auf menschliche Bedürfnisse eine Einheit wäre, käme das als ein mitsprechendes Motiv für die Abgrenzung des staatlichen Territoriums in Betracht, und seine Durchschneidung würde ein Moment der Beunruhigung und der Gefahr für die daran beteiligten Staaten bilden. Wir haben hier ein Analogon zu der Bedeutung des Volkes als Grundlage des Staates. Ein Staat kann so gut mehrere geographische Individuen umfassen wie mehrere Völker, und sie können friedlich in ihm aufgehoben sein. Er kann auf der anderen Seite die Einheit des Volkes wie die des Landes durchschneiden; dieser Verzicht auf seine natürliche Grundlage schafft aber immer eine »Irredenta« und damit eine Bedrohung seiner eigenen Existenz.

Die Einheit des Landes und die Einheit des Volkes stehen nicht ganz beziehungslos nebeneinander. Wir sahen, daß der »Charakter« eines Landes (in doppeltem Sinn) von Einfluß ist auf den Charakter seiner Bewohner. Es entsteht unter diesem Einfluß ein personaler Typus, den wir als »Rasse« bezeichnen können. Wenn die Vertreter eines Rassentypus in Gemeinschaft leben und wenn diese Gemeinschaft umfassend genug ist, um als kulturschaffende »Persönlichkeit« tätig zu sein, so haben wir ein *Volk*, das auf dem Boden des Landes erwachsen ist. Doch braucht nicht *jede* landschaftliche Einheit Trägerin eines Volkes zu sein. Es gibt geographische Individuen von verschiedener Größe. Die kleineren bieten nicht Raum für eine so umfangreiche Gemeinschaft, wie das Volk sein muß. Die Gemeinschaft, die auf ihrem Boden erwächst, ist nur ein *»Stamm«*

, und erst mehrere Stämme zusammen ergeben eventuell, indem sie miteinander verschmelzen, die Einheit eines Volkes. Andererseits gibt es geographische Individuen, die – in eine Reihe von Teilindividuen gegliedert – so ausgedehnt sind, daß mehrere Völker innerhalb ihrer Grenzen entstehen. Es gibt dann eine diese Völker umspannende Einheit, die, soweit es sich um eine Einheit des Typus handelt, unter den Begriff der Rasse fällt. Erwächst darüber hinaus eine die engeren Gemeinschaften umfassende geistige Gemeinschaft, so können wir von einem auf die Rasseneinheit gegründeten Kulturkreis sprechen. (Prinzipiell kann der Kulturkreis auch noch über die Grenzen der so weit ausgedehnten Rasseneinheit hinausgreifen.)

g) Ständische Gliederung

Wenn man die konkreten Staatsgebilde betrachtet, so ist das, was an ihrem Aufbau besonders ins Auge fällt, ihre eigentümliche *Gliederung*, das Organismusartige, das im Zusammenwirken mannigfaltiger Teile zum Leben eines auf ihre besonderen Funktionen angewiesenen Ganzen liegt. Alle »organischen« Staatstheorien haben an diesem Punkte angesetzt und ihn als den kardinalen betrachtet. Indessen, wir haben gesehen, daß die Gestaltung des konkreten Staatswesens nicht durch den *Staats*charakter als solchen allein bestimmt ist. Und so werden wir auch bei der organischen Gliederung prüfen müssen, wie weit sie auf sein Konto zu schreiben ist und wieweit etwa andere Faktoren dafür verantwortlich zu machen sind.

Eine erste Differenzierung ist durch das Gefüge des Staates ohne weiteres vorgeschrieben: die in Staatsgewalt und Staatsbürger, in Regierung und Untertanen, wobei es nicht prinzipiell ausgeschlossen ist, daß eine Person beide Rollen in sich vereinigt. Doch ist es die Regel, daß sie auf verschiedene Personen verteilt sind. Die Funktionen der Regierung sind uns bereits hinlänglich bekannt. Sie ist das Zentralorgan, in dem der staatliche Wille konzentriert ist und von dem er ausstrahlt. Sie hat die Aktionen des Ganzen zu leiten, den Impuls dazu zu geben und eventuell Vorschriften für die Art ihres Vollzuges. Sie ist außerdem letzter Quell des gesamten in dem Staatsgebiet geltenden Rechts. Die Funktion der Untertanen als solcher ist es lediglich, die Regierung anzuerkennen und ihren Befehlen zu gehorchen. Wo in den Personen Antriebe zur Verweigerung des Gehorsams lebendig sind, da bedarf der Staat zur Sicherung seiner Existenz neuer Organe. Um die Befolgung seiner Befehle und Bestimmungen sicherzustellen, wird eine physische Zwangsgewalt nötig, eine Streitmacht. Es bedarf also – platonisch gesprochen – der *Wächter*, die seine Gesetze schützen gegen Übertretungen seitens der Bürger sowie gegen Verletzung durch äußere Feinde.1 Wir ziehen zunächst nur die erste Möglichkeit in Betracht. Die Streitmacht des Staates muß so groß sein, daß sie imstande ist, jede entgegenstehende Willensbetätigung zu unterbinden. Wie groß sie zahlenmäßig sein muß, das hängt von verschiedenen Umständen ab: von der Gesamtzahl des Volkes, dessen aufrührerische Bestrebungen niedergehalten werden sollen; vom Charakter des Volkes, speziell von seiner Neigung, sich der Staatsordnung zu fügen oder gegen sie aufzulehnen und physischem Zwang nachzugeben oder ihn abzuwehren, schließlich von dem Unterschied des Charakters der »Wächter« und des übrigen Volkes. Für den letzten Umstand ist es von Wichtigkeit, wie der Staat seine Wehrmacht zusammensetzt: ob er die Wächtertätigkeit zu einem eigenen Beruf macht oder ob er Angehörige anderer Berufe für eine gewisse Zeit zum Wächterdienst nötigt. Alle diese Umstände sind »Imponderabilien«; man kann sie vage abschätzen, aber niemals exakt bestimmen, und auch die vagen Schätzungen haben nur Wahrscheinlichkeitscharakter, keine endgültige Gewißheit. Und doch hängt von der richtigen Einschätzung dieser Umstände die Existenz des Staates ab. Wenn seine Vertreter sich darin verrechnen, so setzen sie ihn der Gefahr der Vernichtung aus.

Die Schwierigkeiten häufen sich, wenn wir nun die Notwendigkeit der Deckung gegen äußere Feinde in Betracht ziehen. Der Staat darf seine Gesetze nicht durch die einer anderen Macht kreuzen lassen. Das ist der Fall, wenn Angehörige fremder Staaten sein Gebiet betreten und sich seinen Weisungen nicht fügen, sondern nach denen ihrer eigenen Staatsgewalt handeln. Der Staat, der seine Existenz nicht preisgeben will, muß Mittel vorsehen, um dieser Möglichkeit vorzubeugen. Und die Macht, die erforderlich ist, um eine fremde Macht abzuwehren, ist analog abzuschätzen, wie die, welche die Wahrung der Gesetze im Innern sicherzustellen hat: entsprechend der Zahl und dem Charakter des bzw. der fremden Völker und ihres Verhältnisses zu dem eigenen.

Der Staat bedarf der bewaffneten Macht zur Wahrung seiner Gesetze und zur Wahrung seines Territoriums. Beides steht, wie wir sahen, miteinander in Verbindung und ferner mit der Wahrung der Souveränität. Dazu gehört aber eventuell mehr, als daß der faktische Besitzstand unversehrt und ungeschmälert bleibt: der Staat muß stark genug sein, um sich so viel Land zu sichern, als zur Erhaltung seiner Existenz erforderlich ist.

In der bewaffneten Macht haben wir ein »Organ«, das auf Grund der Beschaffenheit des Personenmaterials und anderer realer Bedingungen, mit denen der Staat zu rechnen hat, um seiner selbst willen gefordert ist. Das gilt aber nicht von der bewaffneten Macht allein. Wahrung und Durchführung der rechtlichen Normen sowie die Ausführung der staatlichen Beschlüsse verlangen weitere Organe. Es muß einmal Rechts*kundige* geben, die das Wissen davon, was innerhalb des Staates Recht ist, aufbewahren und überliefern. Und es bedarf *ausführender* Organe, die es gegebenenfalls zur Anwendung bringen, bzw. dafür sorgen, daß nach ihm gehandelt wird.

Militär und »Beamtenschaft« (in dem eben festgelegten Sinn) sind »Stände«, die die Form des Staates selbst, die staatliche Ordnung, repräsentieren. Neben sie treten andere, für die ein vor- und außerstaatliches Leben denkbar ist und die das Material für ein konkretes Staatsgebilde darstellen. Die Gemeinschaft der im Staate lebenden Individuen zeigt eine Gliederung nach dem Prinzip der Arbeitsteilung. Man hat vielfach, um die Entstehung des Staates zu erklären, auf die Hilfsbedürftigkeit der Individuen hingewiesen (so schon Plato). Die Notwendigkeit, zur Befriedigung der Bedürfnisse der Einzelnen eine Organisation zu schaffen, in der die einen diese, die anderen jene Leistung für die Gesamtheit übernehmen, soll zur Gründung des Staates geführt haben. Wir können es dahingestellt lassen, welche Bedeutung dieser Beschaffenheit der Individuen für die Genesis von Staaten zukommt. Sicherlich würden wir sie als ein Motiv gelten lassen können, das für die Anerkennung einer sich konstituierenden Staatsgewalt durch die präsumtiven Untertanen spricht. Das ändert nichts daran, daß die Struktur des Staates als solchen und die Beschaffenheit der Personen zwei Faktoren sind, die sich nicht auseinander herleiten lassen. Die Personen können so beschaffen sein, daß die Befriedigung ihrer Bedürfnisse nur im Rahmen des Staates möglich ist (etwa weil die »antisozialen« Triebe in ihnen, die einer gemeinschaftlichen Regelung ihrer Angelegenheiten im Wege stehen, so stark sind, daß nur eine mit Zwangsmitteln ausgestattete Autorität sie zu bändigen vermag). Dadurch wird der Staat nicht zu einer »Erfindung« gestempelt, die sich die Menschen als remedium für die Mängel ihrer Natur »erdacht« haben. Er wäre nur kraft dessen, was er von sich aus ist, als remedium geeignet.

Prinzipiell ist eine arbeitsteilige Gemeinschaft, eine Gliederung nach Berufsständen auch außerhalb des Staates denkbar. Soweit es sich um »materielle« Bedürfnisse handelt, deren Befriedigung durch die Arbeitsteilung ermöglicht werden soll, ist nur die Sorge für diese Befriedigung – die »Wirtschaft« – mögliche Gemeinschaftssache, die Bedürfnisse selbst sind schlechthin individuell. Im Gebiet der geistigen »Bedürfnisse« und Triebkräfte dagegen, die im Kulturleben ihre Auswirkung finden, können auch schon die Bedürfnisse Sache der Gemeinschaft sein. Daß eine Scheidung von wirtschaftlich und kulturell Schaffenden nötig ist und ferner innerhalb jedes »Standes« eine weitere Differenzierung in verschiedene Berufe, läßt sich nur durch die tatsächliche Beschränktheit der menschlichen Persönlichkeit, ihrer Kräfte und Gaben, begreiflich machen.

Wo nun der Staat mit einer solchen Beschaffenheit seiner Glieder rechnen muß, da ist es auch in seinem Sinne, daß sie eine Gemeinschaft mit berufsständischer Gliederung bilden. Seine Existenz ist daran gebunden, daß sie ihre Bedürfnisse in seinem Rahmen oder doch wenigstens – soweit Hilfsmittel von außen erforderlich sind – durch seine Vermittlung befriedigen können und nicht von fremden Mächten abhängig werden. Welcher Art die wirtschaftliche Arbeit und Arbeitsteilung ist, wie groß der Teil des Volkes, der davon absorbiert wird (der platonische »dritte Stand«) – das hängt zum größten Teil von Bedingungen ab, die der Staat nicht in der Hand hat (wie Klima, Bodenbeschaffenheit und dergleichen). Wenn sich das Wirtschafts- und Kulturleben nicht von selbst so regelt, wie es seinem Interesse entspricht, sieht er sich genötigt einzugreifen. Indessen, es ist ersichtlich, daß *diese* Art »ständischer Gliederung« primär in der den Staat fundierenden Gemeinschaft wurzelt und nicht in seiner eigenen Struktur. Wenn er sich selbst darum kümmert, wenn er dafür Sorge trägt, daß in seinem Bereich alles so funktioniert, wie es den Interessen der Gemeinschaft entspricht (ebenso mit der Sorge für ausreichende Zahl der Bewohner), sichert er nicht unmittelbar die Erhaltung der Souveränität (wie mit der Wahrung des Rechtes), sondern sozusagen ihre materiale Grundlage, das, was sie faktisch möglich macht. Sie ist es auch, die *Aristoteles* wohl mit seiner *Autarkie* im Auge hatte (das ist aus dem 6.

und 7. Buch seiner Politik zu entnehmen). Die »Selbstgenügsamkeit« bedeutet die faktische Unabhängigkeit von allen fremden Mächten, die erforderlich ist, damit der Herrschaftsanspruch nicht angefochten werden kann.

Der verschiedenen Art, wie die »Organe« und »Funktionen« dem Staatsorganismus eingebaut sind, entspricht eine verschiedene Haltung der Individuen dem Staat gegenüber. Wir haben schon an früherer Stelle davon gesprochen, daß nicht alle im Staat lebenden Individuen »Träger« des Staatslebens sind und es in seinem Interesse sein müssen. Die Arbeit der »schaffenden Stände«, ohne die der Staat eine leere Form wäre, kann so geleistet werden, wie es erforderlich ist, um ihm eine solide Basis zu geben, ohne daß sie von denen, die sie leisten, mit dem Staat in Verbindung gebracht wird. Unerlässlich ist das bewußte Sich-Einstellen in das Ganze und das Verantwortungsgefühl dafür nur für die Staatsleitung. Bei den ausführenden Organen genügt die pflichtmäßige Bindung an das Amt, ohne daß das Ganze und die Bedeutung des betreffenden Organs im Zusammenhang des Ganzen durchschaut werden und motivierende Kraft haben müßte.

Wie nun die Verteilung der verschiedenen erforderlichen Funktionen auf die Individuen erfolgt, dafür gibt es verschiedene Möglichkeiten. Die ständische Trennung ist keine unbedingte Notwendigkeit. Denkbar ist ein Staatswesen, in dem die Schaffenden zugleich an der staatlichen Willensbildung mitwirken und für die Durchführung der staatlichen Beschlüsse und Verordnungen Sorge tragen. Die Individuen müßten dann ihre Kräfte auf die verschiedenen Funktionen verteilen. Wie weit das praktisch möglich ist und wie sich dementsprechend die Staatsform und der Staatsbetrieb gestaltet, das hängt von der Beschaffenheit des Landes und der Bewohner und von ihrer wechselseitigen Bedingtheit ab. Wenn das Wirtschaftsleben sehr starke Anforderungen an die Arbeitskraft der Individuen stellt, so liegt es nahe, daß sie davon ganz absorbiert werden und für Staatsgeschäfte nicht mehr zu haben sind. Auf der anderen Seite kann von der Staatsleitung, die wir uns jetzt in der Hand eines oder weniger Menschen vereinigt denken, ein Einfluß auf Land und Bewohner ausgehen, der sie umgestaltet und damit auch eine Veränderung der Staatsform möglich macht. Der Herrscher könnte durch staatliche Organisation des Erziehungswesens dahin wirken, daß den »Staatsbürgern« für das Leben des Staates und ihre Bedeutung darin die Augen geöffnet würden und sie ihre Arbeit von da aus orientieren lernten. Er könnte ferner die Wirtschaft vom Staate mit Beschlag belegen lassen und es durch rationelle Organisation, technische Hilfsmittel und dergleichen dahin bringen, daß weniger Kräfte davon verschlungen werden und mehr für den Anteil am Staatsleben frei werden. Schließlich wäre es denkbar – wie es sich Plato2 ausmalt, als er zu zeigen sucht, auf welchem Wege sein »bester Staat« sich realisieren ließe –, daß ein erleuchteter Monarch eine auserlesene Schar für die verschiedenen Funktionen des Staates bis hinauf zur Staatsleitung schulen ließe und dadurch der Umwandlung der Staatsform den Boden bereitete.

h) Der Einfluß der Staatstheorie auf die Staatsgestaltung

Das führt uns auf die Frage, wie Staatstheorie und Staatsgestaltung – Politik – miteinander zusammenhängen. Platos »Staat« ist das Schulbeispiel einer Staatslehre, die durch das Ideal auf die Wirklichkeit gestaltenden Einfluß gewinnen möchte. Das Bild des Staates, wie er sein soll, wird hingestellt, damit die, welche im politischen Leben stehen, nun den wirklichen Staat danach formen können. Aber auch wenn die Staatslehre nicht von vornherein im Hinblick auf die praktische Politik orientiert ist, sondern nur zu ergründen strebt, was der Sinn des Staates ist, kann sie die stärkste Wirkung auf die faktische Entwicklung ausüben. Die Vertragstheorie, die den Staat auf einer Vereinbarung zwischen Herrschenden und Beherrschten (bzw. zwischen den Beherrschten untereinander und außerdem zwischen ihnen und der Regierungsgewalt, der sie sich unterwerfen) gegründet sein läßt, hat den Wunsch erweckt, dem Leben der bestehenden oder in Entstehung begriffenen Staaten nun auch wirklich einen solchen Vertrag zugrunde zu legen und zur Ausbildung des modernen Verfassungsstaates geführt. Die damit Hand in Hand gehende naturrechtliche Lehre, die den Staat vom isolierten Individuum aus konstruierte, brachte die Lehre von den »Menschen- und Bürgerrechten« auf, die man dem Staat gegenüber geltend machte und auf Grund deren man teils eine Einschränkung der staatlichen Einflußsphäre verlangte und stellenweise auch durchsetzte, teils ihm im Interesse der Individuen neue Funktionen aufbürdete (wie soziale Fürsorge und dergleichen). Hier ist auch eine Wurzel der demokratischen Forderung nach Teilnahme aller am Staatsleben, die von größtem Einfluß auf die Entwicklung der modernen Staaten geworden ist. Uns interessiert hier nur die prinzipielle Frage, wieweit der Einfluß solcher Theorien auf die Gestaltung des Staates gehen kann. Wenn man daran geht, eine verkehrte Staatstheorie in die Praxis umzusetzen, so geschieht der *Idee* des Staates dadurch freilich kein Abbruch. Aber die bestehenden Staaten werden dadurch der Gefahr einer allmählichen Zersetzung preisgegeben. Wenn dem Staat gegenüber die »Rechte« des Individuums geltend gemacht werden, so bedeutet das eine Anfechtung der Souveränität, und sobald man ihre Anerkennung zu erzwingen sucht, arbeitet man auf die Zerstörung des Staates hin. (Jene »Rechte« sind ihrem Hauptbestande nach nicht auf rechtliche, sondern auf *ethische* Normen begründet – ob auf wahrhaft bestehende oder vermeintliche, das wäre im einzelnen nachzuprüfen. Es wäre denkbar, daß ihre Verfechtung die Zerstörung eines Staates, der ihnen zuwiderhandelt, rechtfertigte. Aber man kann sie nicht zum Inhalt eines Rechts machen, das sich der Staat von einer anderen Macht oktroyieren lassen müßte. Sie sind mit der staatlichen Allgewalt nur in der Form zu vereinen, daß er selbst sie zum Inhalt seines Rechts macht und sich zu ihren Gunsten selbst beschränkt. Von dieser aus der Rücksicht auf andere als rechtliche Normen entsprungenen Selbstbeschränkung ist die früher besprochene zu trennen, die durch die Idee des Rechts selbst gefordert ist. Im Hinblick auf diese ist Jellinek beizustimmen, wenn er sagt: »Solche Selbstbeschränkung ist keine willkürliche, d. h. es ist nicht in das Belieben des Staates gestellt, ob er sie überhaupt üben will.« Indem der Staat Recht setzt, legt er nicht nur den Individuen und Verbänden, die ihm angehören, die Verpflichtung auf, es zu achten, sondern auch sich selbst bzw. seinem Recht setzenden Organ. Auch durch den zentralen staatlichen Willen darf kein Recht verletzt werden, er kann nur prinzipiell jedes außer Kraft setzen. Eine Befreiung des Staates von der Verpflichtung, das von ihm gesetzte Recht zu beachten, würde die Idee des Rechts und damit die Idee des Staates selbst aufheben. So erwachsen aus den staatlichen Rechtsbestimmungen nicht nur Pflichten der Individuen und Ansprüche, die in dem Inhalt der Rechtsbestimmungen vorgesehen sind, sondern auch der in der puren Form der Rechtsetzung gegründete Anspruch, nach dem geltenden Recht behandelt zu werden. Dieser allgemeine Anspruch ist aber kein inhaltlich bestimmter, aus dem sich a priori bestehende und für alle empirischen Staaten unangesehen ihrer jeweiligen Struktur verbindliche »Bürgerrechte« herleiten ließen. Es bleibt somit unangetastet, was über den außerrechtlichen Charakter ihres Inhalts gesagt war.

Eine Untergrabung der Staatsgewalt kann nicht nur von denen ausgehen, die an den Staat im Namen der Individuen Ansprüche stellen, sondern auch von denen, die ihre Organe sind, speziell von den Staatsleitern. Das geschieht einmal – wie wir schon sahen –, wenn sie selbst das staatliche Recht nicht achten. Denn der Gehorsam ist das »Komplement der Staatsgewalt, ohne welches sie nicht zu existieren vermag«. Jede Rechtsverletzung, die unbestraft bleibt, ist ein Dokument der Kraftlosigkeit des Staates, auch wenn sie vom Herrscher bzw. irgendeinem an der Herrschaft beteiligten Individuum ausgeht, und damit zugleich ein Anreiz zu weiteren Durchbrechungen der staatlichen Ordnung.

Eine Gefährdung des Staates liegt ferner darin, wenn seine Repräsentanten an Gebiete rühren, die seinem Zugreifen prinzipiell entzogen sind. Er hat die Möglichkeit, die Äußerungen des religiösen Lebens zu unterbinden, während er an dieses selbst nicht heranreicht. Aber dieses Eindämmen eines Stromes, dessen Quelle man nicht verstopfen kann, veranlaßt ihn, sich gegen die künstlichen Schranken zu wenden, und wenn es gelingt, sie zu durchbrechen, so ist damit zugleich in die Staatsgewalt eine Bresche geschlagen. Und so weckt jede Überspannung der Staatsgewalt Widerstandskräfte, die sie selbst zu vernichten drohen. Umgekehrt kann eine durch die Idee des Staates nicht geforderte Selbstbeschränkung zu »moralischen Eroberungen« führen, die seine Existenz sichern.

Eine Bedrohung des konkreten Staatsgebildes ist es schließlich, wenn von den jeweiligen Machthabern die Erhaltung der bestehenden Staatsordnung oder die Einführung einer neuen, rein theoretisch konstruierten zum Prinzip erhoben wird, das durchgeführt werden soll, auch wenn die faktische Beschaffenheit der materialen Grundlagen des betreffenden Staates eine Änderung notwendig macht bzw. der geplanten Änderung widerstrebt. Macht z. B. die Komplikation der wirtschaftlichen Verhältnisse ihre Leitung von einer Zentralstelle aus praktisch unmöglich, so muß die Aufrechterhaltung oder Einführung eines solchen Systems zum Zusammenbruch der Wirtschaft führen und den Bestand des Staates gefährden.

Besonders bedenklich ist die Lage des Staates, wenn verschiedene Theorien sich um ihn streiten und auf ihn Einfluß zu gewinnen suchen. Aller Kampf zwischen politischen Parteien ist ja ein Versuch, seine Leitung in die Hand zu bekommen, um ihn nach eigenem Gutdünken zu modeln. Auch wenn keine ausgebildete Staatstheorie das leitende Ideal ist, sondern reine Interessengruppen miteinander um die Herrschaft ringen, so liegt doch eben in diesem Geltendmachen privater Interessen in den Fragen der Staatsgestaltung eine ganz bestimmte Auffassung des Staates (über die man sich freilich nicht klar zu sein braucht), und zwar eine besonders gefährliche. Gelangen nun beispielsweise in einem parlamentarisch geordneten Staat mit dem Wechsel der Parteien verschiedene Staatstheorien ans Ruder, so kann (dem äußeren Aspekt nach) auf gesetzlichem Wege und ohne Rechtsbruch systematisch auf den Untergang des Staates hingearbeitet werden.

Ein Korrektiv gegen all diese möglichen zerstörenden Einflüsse politischer Theorien liegt in der Kraft der ratio, die die realen Verhältnisse selbst in sich tragen. Jede Rechtsordnung, die gegen diese ratio verstößt, statt ihr Rechnung zu tragen, muß gewärtig sein, daß die Wirklichkeit sich ihr widersetzt und mit ständigen Durchbrechungen der Rechtsordnung ihren Gang geht. Eine Störung des Staatsbetriebes liegt freilich auch hier vor. Es ist ein Zustand, bei dem das Gemeinwesen ohne feste staatliche Ordnung fortbesteht. Solange es aber bestehen bleibt, ist auch zu erwarten, daß es wieder einmal in die Form des Staates eingeht. Stürzt dagegen die materielle Basis ein, auf der das Staatswesen ruhte (eventuell zunächst unter Aufrechterhaltung der formalen Rechtsordnung), so muß man seinen Untergang als besiegelt ansehen. Was davon übrig bleibt, ist Beute für einen Eroberer, der sich seiner bemächtigen will, und Rohmaterial für einen anderen Staat, dem es einverleibt werden kann.

II. Der Staat unter Wertgesichtspunkten

Wir haben es abgelehnt, Wert und »Berechtigung« des Staates zum Problem zu machen, bevor in einer von Wertgesichtspunkten freien Betrachtung herausgestellt war, was der Staat eigentlich ist. Das sollte aber nur eine Zurückstellung sein und keine grundsätzliche Verneinung der ganzen Fragestellung. Prinzipiell ist alles Seiende möglicher Träger eines Werts und ist nicht erschöpfend erörtert, wenn sein Wert außer Betracht gelassen wird. Die Frage nach der Berechtigung eines Gebildes hat nur dann einen Sinn, wenn sein Sein oder Sosein in unsere Hand gegeben und mögliches Willensziel ist. Diese Forderung ist für die konkreten Staaten in gewissem Sinn als erfüllt anzusehen; wenn es auch nicht schlechthin vom Belieben eines Individuums und der Individuen überhaupt abhängt, ob ein Staat entsteht und erhalten oder vernichtet wird, und welche Entwicklung er nimmt, so ist er doch seiner Existenz und Beschaffenheit nach an die Aktivität der Individuen gebunden, d. h. darauf angewiesen, daß sie sich als seine Organe hergeben bzw. ihn anerkennen. Darum ist die Vernichtung des Staates und der staatslose Zustand – die Anarchie – ein mögliches Willensziel. Ob ein erstrebenswertes oder verwerfliches: diese Frage beantwortet sich zugleich mit der nach der Berechtigung des Staates. Die Berechtigung aber ist zu ermessen, wenn man den Wert des Staates kennt und sein Verhältnis zu andern Werten, mit denen er in Konflikt geraten kann oder für die er in irgend einer Hinsicht von Belang ist.

Die Frage nach dem Wert des Staates muß zuerst noch ihrem Sinne nach geklärt werden. Es ist etwas anderes, wenn wir fragen, ob ein konkretes Staatsgebilde Träger eines Wertes sein könne oder müsse oder ob wir nach dem Wert »des Staates« fragen. Die zweite ist die eigentlich prinzipielle Frage: *kommt dem Staat als solchem* , d. h. der ontischen Struktur, die wir im I. Teil herauszuarbeiten suchten, ein Wert zu? Wenn diese Frage bejaht werden kann, dann ist es a priori recht, daß es Staaten in der Welt gibt (bzw. a priori *unrecht* – wenn nämlich der Wert, der dem Staat als solchem anhaftet, ein negativer ist). Und diesen konkreten Gebilden kommt nun auf Grund dessen, daß sie Staaten sind, ein Wert zu. Stellt es sich im einzelnen Falle heraus, daß ein Staat nicht Träger eines solchen Wertes ist, so müssen andere Faktoren als seine staatliche Struktur dafür verantwortlich gemacht werden: sie müssen daran schuld sein, daß der Wert, den er qua Staat haben müßte, faktisch aufgehoben ist. Andererseits: sollte sich der Staat als solcher als ein wertfreies Gebilde herausstellen, so wäre damit noch nicht gesagt, daß die konkreten Staaten nicht auf Grund anderer aufbauender Faktoren Träger von Werten sein könnten. Eine solche mögliche Werthaftigkeit könnte durch die Struktur des Staates offen gelassen sein. Die Existenz von Staaten wäre dann durch den Hinweis auf die staatliche Struktur als solche nicht »gerechtfertigt«, aber ebenso wenig als »unrecht« erwiesen.

Diese verschiedenen möglichen Bedeutungen der Frage nach dem Wert des Staates muß man vor Augen haben, wenn man an ihre Prüfung herangeht.

§ 1. Bedeutung des Staates für die Individuen, die ihm angehören

Alle Theorien, die den Staat aus den Individuen ableiten, räumen ihm die Bedeutung ein, daß in ihm die Individuen »besser fortkommen«, als wenn sie isoliert wären oder auch in einer nicht staatlich organisierten Gemeinschaft lebten. Ob man das als eine Rechtfertigung gelten lassen kann, das hängt für den konkreten Staat einmal davon ab, ob es faktisch stimmt, und zweitens, was dieses »besser fortkommen« bedeutet und ob es selbst als etwas Wertvolles anzusehen ist; für den Staat als solchen aber davon, ob es in seiner Struktur eine Stelle für den fraglichen Wert gibt. Das »besser fortkommen« kann heißen, daß im Staat die *Lebensbedürfnisse* der Individuen infolge der geregelten Arbeitsteilung besser befriedigt werden können und daß ihr Leben vor Gefahren besser gesichert sei als außerhalb des Staates. Er wäre dann eine im Dienst von *Lebenswerten* stehende und darum nützliche Einrichtung. Der Staat als solcher ist möglicher Träger dieses Nützlichkeitswertes; d. h. die Idee des Staates schreibt es nicht vor, schließt es aber auch nicht aus, daß in konkreten Staatsgebilden dieser Wert realisiert wird. Ob das in einem empirischen Staat faktisch der Fall ist oder nicht, das hängt von *seiner* jeweiligen Beschaffenheit ab und von der der Individuen, die ihm angehören. Es sind Individuen denkbar, für die – vom Standpunkt der Nützlichkeit aus – der Staat überflüssig wäre, und auf der anderen Seite Staaten, deren Einrichtungen mehr Lebenswerte vernichten als fördern, die also als schädlich zu bezeichnen wären. Eine prinzipielle Rechtfertigung ist demnach auf diesem Wege nicht möglich.

Man kann ferner versuchen, den Staat im Namen der *geistigen Entfaltung* der Individuen zu rechtfertigen. Und zwar damit, daß er durch seine Organisation der niederen Tätigkeiten höhere Kräfte frei macht. Ferner, daß er durch Organisation der höheren Kräfte ein Schaffen geistiger Güter ermöglicht, die nur auf diesem Wege ins Dasein treten können. Auch hier läßt der Staat als solcher für die konkreten Staaten wieder nur die Möglichkeit offen. Denn prinzipiell ist es nicht von der Hand zu weisen, daß das geistige Leben sich ohne staatliche Regelung ebenso gut oder besser entfalten könnte als mit ihr, und es sind auch Staaten denkbar, die mehr geistige Werte vernichten als schaffen helfen.

§ 2. Staat und Gerechtigkeit

Es ist nun zu fragen, ob dem Staat nicht auf Grund seiner eigentümlichen Struktur die Realisierung von Werten besonders aufgegeben ist und welche Werte dafür in Betracht kommen. Nach dem, was wir über die Beziehungen von Staat und Recht festgestellt haben, – daß das Recht eines rechtsetzenden Subjekts bedarf, um geltendes Recht zu werden, und daß es das Spezifikum des Staates ist, Recht zu setzen, – liegt es nahe, seinen »Beruf« in der Realisierung des Rechts zu sehen. »Das Recht« bedeutet hier natürlich nicht mehr die bloße Form des Rechts (es wäre ja sinnlos, das dem Staat noch besonders aufzugeben, worin sein Leben als Staat besteht), sondern die material erfüllten reinen Rechtsverhalte. An ihm liegt es, ob das, was an sich recht ist, auch in seinem Herrschaftsbereich als geltendes Recht anerkannt wird. Je nachdem, ob das positive Recht »richtiges Recht« ist oder nicht, d. h. mit dem reinen Recht übereinstimmt oder nicht, bemißt es sich, ob der Staat ein »gerechter« ist oder nicht. Die *Idee der Gerechtigkeit* ist bezogen auf das reine Recht. Wo das reine Recht in Kraft ist, da »herrscht Gerechtigkeit«. Sie ist ein Wertprädikat, das einerseits einer geltenden Rechtsordnung zugesprochen werden kann und ihre Übereinstimmung mit dem reinen Recht ausdrückt, andererseits den Subjekten, die an der Realisierung dieser Rechtsordnung mitarbeiten, indem sie sie setzen bzw. anerkennen und befolgen. Prinzipiell wäre es denkbar, daß kein Verstoß gegen das reine Recht begangen würde, auch wenn es keinen Staat gäbe, der ihm Geltung verschaffte. Er wird im Interesse der Verwirklichung des Rechts nur erforderlich, sofern es den Individuen an Einsicht in die reinen Rechtsverhalte oder an dem Willen, danach zu handeln, mangelt. Demnach ist der Staat nicht condicio sine qua non für die Realisierung der Gerechtigkeit. Andererseits ist es – wie wir sahen – durch die Idee des Staates nicht ausgeschlossen, daß das von einem Staat gesetzte positive Recht vom reinen Recht abweicht, »ungerecht« ist, ja es kann das im konkreten Fall durch den Sinn des Staates gefordert sein. Es geht also nicht an, dem Staat die Realisierung der Gerechtigkeit als den ihm durch seine Idee vorgezeichneten Beruf zuzuweisen; er ist auch durch den Hinweis auf diesen Wert nicht prinzipiell zu rechtfertigen.

§ 3. Bedeutung des Staates für die Gemeinschaft als solche und besonders für die Volksgemeinschaft

Man könnte daran erinnern, daß das Leben der Gemeinschaft rein als solches von Wert ist. Damit wäre der Staat aber noch nicht prinzipiell gerechtfertigt, weil es der Gemeinschaft als solcher nicht wesentlich ist, die Form des Staates anzunehmen. Im Interesse der Gemeinschaft ist die staatliche Organisation nur erforderlich, sofern in den Individuen Antriebe leben, die das Gemeinschaftsleben gefährden. Die Rechtfertigung wäre also auch vom Standpunkt der Gemeinschaft eine bloß faktische, d. h. sie würde nur in dem Nachweis bestehen, daß die Individuen tatsächlich so beschaffen sind und daß der jeweils in Frage stehende Staat die Korrektur dieser Beschaffenheit zu gewährleisten vermag.

In früheren Betrachtungen sind wir noch auf eine andere Bedeutung der staatlichen Ordnung gestoßen. Wir sahen, daß im besonderen die Volksgemeinschaft als kulturschaffende Persönlichkeit nach staatlicher Organisation verlangt, und zwar darum, weil sie nicht nur – wie jede Gemeinschaft – des Schutzes gegen gemeinschaftstörende Tendenzen bedarf, sondern weil überdies ihre Eigentümlichkeit als handelnde und schaffende Gemeinschaft eine feste Ordnung für dieses Handeln und Schaffen erforderlich macht. Ein Kreis von Personen, die in aktueller Berührung leben, kann ohne solche Ordnung auskommen. Jeder kann hier das Ganze und die Bedeutung der einzelnen Glieder im Aufbau des Ganzen übersehen und sich entsprechend verhalten. Anders, wenn die Gemeinschaft – wie es bei dem erforderlichen zahlenmäßigen Umfang des Volkes tatsächlich der Fall ist – für die einzelnen nicht mehr übersehbar ist. Hier werden Einrichtungen notwendig, die wenigstens für gewisse eigens dafür auszubildende Organe einen Überblick über die Bedürfnisse und Kräfte der Gemeinschaft ermöglichen und eine feste Ordnung für den Vollzug des gemeinsamen Wollens und Handelns. Diese Ordnung und Einrichtung ist Sache einer positiven Rechtsordnung. Für deren Inhalt steht es nicht von vornherein fest, daß er mit dem reinen Recht übereinstimmen muß, da er ihr ja durch andere Gesichtspunkte vorgeschrieben ist. (Auf die Möglichkeiten eines Konflikts kommen wir bald zu sprechen.) Ihr Wert bemißt sich nicht nach der Idee der Gerechtigkeit, sondern nach der Entfaltung des Gemeinschaftslebens, in dessen Dienst sie steht. Der Gemeinschaft als solcher und darüber hinaus der Volksgemeinschaft als kulturschaffender Persönlichkeit kommt ein eigener Wert zu. Der Staat, der sich mit seiner Rechtsordnung in den Dienst des Gemeinschaftslebens stellt, *schafft* diesen Wert nicht, sondern *hilft* ihn nur realisieren, und es kommt ihm, sofern er das tut, kein eigener, sondern wiederum nur ein abgeleiteter Wert zu.

»Den Staat« kann man als Träger des hier in Betracht kommenden Wertes nur in Anspruch nehmen, wenn man darunter nicht die formale Struktur versteht, sondern das konkrete Staatsgebilde, das die Volksgemeinschaft mit umfaßt. Die Werte, um die es sich dabei handelt, sind »Persönlichkeitswerte«. Wie jede individuelle Person Träger eines nur ihr eigenen, unwiederholbaren Wertes ist, so auch jede »Staatspersönlichkeit«. Und damit ist die Frage nach der Rechtfertigung des Staates auf einen neuen Boden gestellt. Für jemanden, der den Wert eines Staatswesens lebendig fühlt (es kommt da namentlich das in Betracht, dessen Bürger er ist), wird ebenso wenig das Problem auftauchen, ob er es als daseinsberechtigt ansehen soll, wie man die Daseinsberechtigung einer Person, die man liebt, in Frage stellen wird. Alles Werthafte erweist seine Daseinsberechtigung, indem es seinen Eigenwert fühlbar macht. Aber damit sind nicht alle Fragen gelöst. Da Werte in Konkurrenz treten können und einer eventuell durch seine Realisierung die des anderen ausschließt, ist, abgesehen davon, was sie in sich selbst sind, allemal zu prüfen, wie weit sie sich anderen gegenüber behaupten dürfen, bzw. wie weit es recht ist, sich auf Kosten anderer für sie einzusetzen. Zunächst wäre es denkbar, daß der Persönlichkeitswert des jeweiligen konkreten Staatsgebildes in Konflikt gerät mit dem Wert, der für seine Realisierung an den Staat und seine Struktur gewiesen ist, der Gerechtigkeit. Es kann z. B. ein Staat sich gezwungen sehen, im Interesse seiner Entwicklung sich von Verpflichtungen, die er eingegangen ist, loszusagen (Zahlungsverpflichtungen gegenüber seinen Bürgern, Verträgen mit anderen Staaten und dergleichen). Die Erfüllung eines Anspruchs, zu der man sich durch ein Versprechen verbunden hat, abzulehnen, ist allemal eine Verletzung des Rechts. Aber sie kann im Interesse höherer Werte geboten sein. Wann für den Staat dieser Fall eintritt, das läßt sich nicht durch ein allgemeines Gesetz festlegen. Es gibt allgemeine Vorzugsgesetze, aber die richtige Entscheidung über das Verhältnis der jeweils in Konkurrenz stehenden konkreten Werte hängt in der Regel von einer ganzen Reihe solcher Gesetze ab, deren mögliche Kombinationen praktisch nicht vorauszusehen sind.

§ 4. Staat und sittliche Werte

Durch die letzten Erwägungen ist die Frage nahegelegt, ob und wieweit der Staat von ethischer
Normierung betroffen wird.

a) Sittlichkeit und Recht

Ethische Werte sind Personwerte. Sie haften dem Seinsbestand der Person und ihren Verhaltensweisen an. An ihrem Verhalten zu Werten aller Art treten sie zutage: daran, wie sie sich von einem Wert erfüllen läßt, wie sie zu ihm Stellung nimmt, welchen Werten sie vor anderen den Vorzug gibt, für welche sie sich handelnd entscheidet. Daneben kann man als ethisch bedeutsam das in Anspruch nehmen, was wir als *sittlich recht* bezeichnen. Das ist ein Prädikat gewisser Sachverhalte. (»Daß den Notleidenden geholfen wird« oder »daß X. Y. die Beteiligung an einer niedrigen Handlung abgelehnt hat« – das ist recht.) Rechtheit und ethische Personwerte stehen nicht beziehungslos nebeneinander: das gegenständliche Material der Sachverhalte, die als sittlich recht in Anspruch zu nehmen sind, bilden immer Personen und persönliche Verhaltensweisen. Mit dem Recht in dem bisher festgelegten Sinn hat die sittliche Rechtheit nichts zu tun. Wenn ich einem Bedürftigen die Hilfe versage, die ich ihm leisten könnte, so ist das im sittlichen, nicht im Rechtssinne »unrecht«. Die Realisierung als sittlich recht erkannter Sachverhalte ist den Personen als sittliche Pflicht aufgegeben.

Es ist zu fragen, ob und wie sich ethische und Rechtsnorm unterscheiden. Ethische Sachverhalte und Sachverhalte des reinen Rechts *bestehen* in gleicher Weise, ohne geltend gemacht zu werden. Sie unterscheiden sich nur ihrem *Inhalt* nach: gemäß den Gegenständlichkeiten, die für sie fundierend sind. Personen und persönliche Verhaltensweisen spielen für beide eine Rolle, aber es sind verschiedene Konstituentien der Person und diesen entsprechende Verhaltensweisen, die hier und da in Betracht kommen. Sittlich relevant sind die seelische Eigenart der Person und das, worin sie sich auslebt: seelische Qualitäten, Gesinnungen, emotionale Stellungnahmen und dergleichen. Alles dies ist rechtlich gleichgültig. Demut und Stolz, Liebe und Haß, Bewunderung und Verachtung sind für keinen Rechtsverhalt von Bedeutung. Hier kommt allein die Freiheit der Person in Frage, und zwar diejenigen freien Akte, die *rechtswirksam* sind. Rechtswirksamkeit bedeutet, daß aus den Akten der Person etwas entspringt oder auch durch sie etwas getilgt wird, was losgelöst von ihr ein Dasein besitzt: dahin gehört alles positive Recht, das durch Recht setzende Akte geltend gemacht wird; der Anspruch, der dem Akt des Versprechens entspringt; das Eigentum, das durch eine Übertragung z. B. geschaffen wird (es ist hier an die *rechtliche Form* des Eigentums gedacht, nicht an die – in sich betrachtet – außerrechtliche Sache, die in diese Form eingeht); die Schuld, die durch eine verbrecherische Handlung in die Welt gebracht wird und nach Strafe verlangt wie ein Anspruch nach Erfüllung usw. Alles dies sind Beispiele für spezielle Rechtsgegenständlichkeiten, und sie im Zusammenhang mit den rechtswirksamen Akten bilden das gegenständliche Material für die Sachverhalte des reinen Rechts.

Die spezifischen Rechtsgegenständlichkeiten haben kein Analogon auf ethischem Gebiet. Und sofern dort freie Akte eine Rolle spielen, tun sie es als Akte der Person, nicht als Erzeuger solcher Gegenständlichkeiten. Eine Parallele zu der Scheidung von reinem und positivem Recht können wir innerhalb des Ethischen wohl finden: Es gibt als allgemein charakterisierte ethische Sachverhalte, die sich in Normen umwenden lassen. (Es ist recht, den Notleidenden zu helfen, – du sollst den Notleidenden helfen.) Sie bestehen als Wert- wie als Sollensverhalte a priori, ohne gesetzt und ohne anerkannt zu werden. Sie können sodann Geltung erlangen, indem sie zum Inhalt von *Rechts*bestimmungen gemacht werden (was im positiven Strafrecht vielfach der Fall ist). Und sie können es auch noch auf andere Weise. Es gibt neben den a priori bestehenden ethischen Normen die jeweils (d. h. räumlich und zeitlich begrenzt) *herrschende Moral:* Anschauungen über das, was sittlich ist, die sich von den a priori bestehenden ethischen Sachverhalten ebenso entfernen können wie das positive vom reinen Recht, und eine Normierung des praktischen Lebens durch diese Anschauungen. Das »Herrschen« der Moral läßt sich dem »Gelten« des Rechts an die Seite stellen, d. h. das »In-Kraft-sein« in beiden Fällen deckt sich. Aber der *Ursprung* ist ein anderer. Die Moral kann nicht *gesetzt* werden wie das Recht. Sie spiegelt den seelischen Habitus einer Personengemeinschaft wider, ihre Grundeinstellung zur Welt der Werte, und so wenig wie diese kann sie selbst durch freie Akte erzeugt, geändert oder abgeschafft werden. Wenn die Bestimmungen des positiven Rechts sich ihrem Inhalt nach der herrschenden Moral entgegenstellen, so können sie dadurch in dem Bereich, in dem sie gelten, eine Veränderung in dem typischen Verhalten der Individuen herbeiführen, und es ist möglich, daß auf Grund des veränderten praktischen Verhaltens eine Umbildung der Moral eintritt. Es kann in der *Intention* der Rechtsbestimmungen liegen, den Anstoß zu dieser möglichen Entwicklung zu geben, aber es wäre sinnlos, wenn das Recht setzende Subjekt diesen Verlauf verfügen wollte: denn ob die mögliche Entwicklung wirklich wird, das ist nicht in seine Hand gegeben. Das schließt nicht aus, daß es Pflicht sein kann, den Anstoß, der in solcher Richtung führen kann, zu geben. Obwohl die ethische Beschaffenheit einer Person nicht allein von ihr abhängt – weder die Fähigkeit, Werte zu erfassen, noch die Art, wie sie davon erfüllt wird, sind Sache ihrer Freiheit –, wenden sich die ethischen Pflichten (die Sollensverhalte) an ihre Freiheit und haben nur im Hinblick darauf Sinn. Wenn man es nicht in der Hand hat, sich den Zugang zu Werten zu verschaffen, so steht es einem doch frei, darauf »hinzuhören«, und das kann gefordert werden. Bleibt es ohne Erfolg, so haftet dem wohl ein Unwert an, aber es ist keine Pflichtverletzung.

b) Der Staat in seinem Verhältnis zu ethischen Normen

Da der Staat als Subjekt freier Akte anzusehen ist, können ihm – so scheint es – auch ethische Pflichten auferlegt werden. Doch ist es von vornherein klar, daß er nicht im selben Sinne ethisches wie Rechtssubjekt ist. Staat sein *heißt* Rechtssubjekt sein. In dem Augenblick, wo er aufhört die Verantwortung für die geltende Rechtsordnung zu tragen, hört er auf zu existieren. Er hört nicht auf zu existieren, wenn er unbekümmert um ethische Normen lebt, auch wenn es zu ihm gehören sollte, daß er von ihnen getroffen wird. In welcher Weise die ethischen Normen an ihn herankommen, das ist noch ein besonderes Problem. Zur Erfassung eines Wert- bzw. Sollensverhalts ist es erforderlich, daß von dem zu Grunde liegenden Wert Kenntnis genommen werden kann. Von Werten wird in Akten des Fühlens Kenntnis genommen. Der Staat als solcher ist einer Kenntnisnahme überhaupt und speziell des Fühlens unfähig. Seine einzige Domäne ist der Vollzug freier Akte, wozu die Handlung (als Realisierung eines Sachverhalts verstanden) gehört. Diesen Akten kann entsprechend dem, was durch sie realisiert wird, ein positiver oder negativer ethischer Wert anhaften. Und je nachdem sie in diesem Sinne sittlich relevant sind oder gleichgültig, kann man sie als »geboten«, als »verboten« oder als »erlaubt« bezeichnen. Der Staat aber ist nicht imstande herauszufinden, welche Akte »sein sollen« und welche nicht. Das können nur die Personen, die er als seine Organe benützt. Es ist nun die Frage, ob sich das Sollen nur an sie als individuelle Personen richtet, oder auch an sie als Vertreter des Staates; und ob korrelativ nur von Pflichten der Personen (und eventuell der Personenverbände) gesprochen werden kann, nicht aber von sittlichen Pflichten des Staates. Sicherlich hat es keinen Sinn zu sagen, daß die Organe des Staates an seiner Stelle fühlen, wie sie an seiner Stelle handeln oder bestimmen. Denn wir sahen, daß die Vertretungsmacht sich nur auf das erstreckt, was prinzipiell im Bereich des »Könnens« liegt. Das schließt nicht aus, daß die ethischen Forderungen sich ihrer – und überhaupt aller individuellen Personen, die mit dem Staat zu tun haben – gleichsam bedienen, um durch sie zum Staat vordringen zu können. Die Personen haben einmal für sich selbst die Verpflichtung, sich gewissen Aktionen des Staats zu versagen, andere dagegen zu vollziehen. Darüber hinaus aber machen sie es möglich, von einem gewissen Betroffensein des Staates durch ethische Forderungen zu sprechen. Nicht so zwar, daß es seinem Sinn als Staat gemäß wäre, etwas zu tun oder zu unterlassen, weil es Pflicht ist. So wenig er im vollen Sinn des Wortes Person ist, so wenig ist er ein moralisches Wesen. Den Personen, die in seinem Dienst stehen, und allen, an die seine Existenz gebunden ist, machen sich *ihre* Pflichten vernehmbar und darunter die, welche sich aus ihrem Verhältnis zum Staat ergeben. Weiterhin aber können sie dazu verhelfen, daß die Aktionen des Staats, die sittlich relevant sind, an ihrer Wurzel angreifbar werden und nicht erst in ihrer Auswirkung, d. h. daß der Staat selbst das inauguriert, was recht ist, und das fahren läßt, was nicht recht ist. Das ist nur dann möglich, wenn in den Personen seines Herrschaftsbereichs die moralischen Motive solche Kraft haben, daß sie dem Staat ihre Anerkennung versagen, der ihnen nicht Rechnung trägt. Dann ist es zu seiner Selbsterhaltung erforderlich und darum seinem Sinn angemessen, daß er in Übereinstimmung mit dem Sittengesetz bleibt.

Es ist nun weiter zu fragen, *was* im Namen der Ethik auf diesem Umwege vom Staat verlangt werden kann. Ganz allgemein gesprochen: ein bestimmter Inhalt seiner Rechtsetzungen. Er *soll*, soweit das im Bereich des Möglichen liegt, Werte realisieren bzw. an der Realisierung von Werten mitarbeiten. Zunächst kommt da der Wert in Betracht, dessen Realisierung auf ihn speziell angewiesen ist: die Gerechtigkeit. In diesem Sinn ist von ihm zu verlangen, daß sein Recht »richtiges Recht« sei. Sodann der Wert, dessen eigentlicher Träger nicht er selbst qua Staat, sondern die in ihm zusammengefaßte Gemeinschaft ist. Der »Persönlichkeitsentfaltung« kann er einmal durch Einrichtungen dienen, die er schafft, eventuell aber auch dadurch, daß er gewisse Gebiete von staatlicher Regelung freiläßt und der Initiative der Individuen oder privater Verbände anheim stellt. In diesem Fall ist der geforderte Inhalt der Rechtsbestimmungen Selbstbeschränkung der Staatsgewalt. Unter den Werten, deren Träger die im Staate organisierte Gemeinschaft sein kann, sind die *sittlichen* Personwerte (die ja nicht die einzigen Personwerte sind). Die Aufgabe, die Gemeinschaft, die sein Herrschaftsbereich ist, zu einer sittlichen zu machen (d. h., soweit das in seiner Macht liegt), kann es dem Staat zur Pflicht machen, durch seine Rechtsbestimmungen die herrschende Moral zu bekämpfen und ihnen ethische Normen als Inhalt zu geben.

Die »Pflichten« des Staats betreffen schließlich nicht nur sein Verhalten zu der Gemeinschaft, die sich mit ihm deckt, sowie zu den ihm angehörigen Personen und Verbänden, sondern auch sein Verhalten zu anderen Staaten und außerstaatlichen Verbänden. Und hier drängt sich die Möglichkeit eines Wertkonflikts noch mehr hervor als bei den bisher erwähnten Forderungen, die ja auch bereits Widersprechendes vom Staat verlangen konnten. Daß Betrug, Raub und jeglicher Eingriff in die Interessensphäre anderer, der aus purer Begehrlichkeit entspringt, im Verkehr der Staaten ebenso zu verwerfen ist wie unter Einzelpersonen, ist ohne Schwierigkeiten einzusehen. Anders, wenn Leben und Entwicklungsmöglichkeit zweier Staaten miteinander nicht vereinbar sind. Dann liegt ein wirklicher Konflikt der Pflichten vor: es stehen Werte einander gegenüber, deren jeder nur auf Kosten des anderen zu verwirklichen ist. Der Konflikt löste sich, wenn die Sachlage so wäre, daß jedem Staat nur die Sorge für sich und die ihm angehörigen Individuen als Pflicht auferlegt wäre. An Stelle des ethischen Konflikts würde eine äußere Machtprobe treten. Es wäre für keinen Beteiligten fraglich, welchen Wert er realisieren soll, sondern nur, ob es ihm gelingt, die Widerstände zu brechen, die der Erfüllung seiner in sich klaren Pflicht im Wege stehen. Diese Auffassung wird aber ohne Zweifel der Sachlage nicht gerecht. Es ist ethisch niemals zulässig, vor einem Wert, der von einer intendierten Handlung betroffen wird, die Augen zu schließen und ihn gänzlich unberücksichtigt zu lassen. Wo Werte in Konkurrenz treten, da liegt allemal ein Konflikt vor, der im Innern jeder einzelnen beteiligten Person zum Austrag kommen muß und nicht durch einen äußeren Kampf zwischen mehreren Personen abgelöst werden kann. Wenn eine Person die Frage praktisch so entscheidet, daß der eine der in Konkurrenz stehenden Werte sie »nichts angehe« und gar nicht von ihr in Betracht gezogen zu werden brauche, so haftet diesem Verhalten ein Unwert an, auch wenn sie zu demselben Entschluß geführt wird, der bei Berücksichtigung des außer acht gelassenen Wertes sich als der sittlich richtige herausstellen würde. Es ist also Pflicht des Staates bzw. derer, die ihn repräsentieren, nicht nur die Werte im Auge zu haben, deren Träger und bestellter Hüter er selbst ist, sondern auch die anderen, die von seinem Verhalten betroffen werden. Wofür er sich im einzelnen Fall zu entscheiden hat, darüber ist hiermit noch nichts gesagt. Faktisch wird es wohl in den weitaus meisten Fällen, die in Betracht kommen, so liegen, daß die adäquate Erfassung und Abwägung der in Frage stehenden Werte über die Fähigkeit derer, denen die Entscheidung obliegt, hinausgeht. Und ebenso wird die Beurteilung dessen, ob die getroffene Entscheidung richtig war, menschliches Ermessen übersteigen. Wenn die verschiedenen Beteiligten verschieden entscheiden – und nur auf diese Weise kann es auch bei gewissenhafter ethischer Überlegung noch zu einem äußeren Kampf kommen – so ist das jedenfalls ein Index dafür, daß mindestens auf einer Seite die Entscheidung eine falsche war.

Wie unsere Betrachtungen zeigten, ist es in all diesen Fällen sehr cum grano salis zu verstehen, daß der *Staat* in Konflikt gerate und ethische Entscheidungen zu treffen habe. Alles das spielt sich in den Individuen ab und wird nur als ein Faktor, mit dem er zu rechnen hat, von Bedeutung für das Verhalten, das ihm sein eigener Sinn vorschreibt. Die Staatslehre des deutschen Idealismus betrachtet den Staat als das Werkzeug, um das Sittengesetz in der Welt zur Herrschaft zu bringen. Nach *Fichte* ist die Freiheit das Instrument, das die Realisierung der sittlichen Idee im Leben möglich macht. Sie scheidet sich in innere und äußere Freiheit (d. h. Schutz gegen die Freiheit anderer), und diese wird sichergestellt durch die Rechtsordnung im Staat. So ist das Rechtsgesetz als Voraussetzung der Sittlichkeit in Anspruch zu nehmen.

Gegen diese Argumentation erheben sich verschiedene Bedenken. Einmal ist die Freiheit (streng genommen) durch nichts einzuschränken. Zwangsmittel – wie sie einer dem anderen gegenüber kraft seiner Freiheit anwenden mag – haben, wie wir früher feststellten, nur den Sinn von Motiven, die die Person in bestimmter Richtung zu drängen suchen. Ob sie in dieser Richtung geht, das bleibt immer ihre Sache. Es mag Personen geben, die sich vorwiegend treiben lassen und von ihrer Freiheit keinen Gebrauch machen. Dennoch bleiben sie im Besitz ihrer Freiheit und können jederzeit darauf zurückgreifen. Demnach kann höchstens *faktisch* das Recht als Vorbedingung der Sittlichkeit in Frage kommen, sofern es Hemmungen aus dem Wege räumen mag, die den sittlichen Motiven im Wege stehen. Condicio sine qua non ist es nicht. Zweitens geht es nach unseren Feststellungen nicht an, das Recht lediglich als Vorbedingung der Sittlichkeit in Anspruch zu nehmen. Es hat seinen *eigenen* Sinnesbestand und ist nur außerdem kraft dieses Sinnesbestandes fähig, motivierend in das sittliche Leben einzugreifen (wie die Strafe zur Buße anregen kann).

Diese prinzipiellen Bedenken schließen nicht aus, daß faktisch der Staat dazu befähigt sein mag, durch seine Rechtsmittel zur Sittlichkeit zu erziehen – da ja die Motive von größter Bedeutung für die Willens- und Charakterbildung sind – und auch anderen Mächten die Erziehung zur Sittlichkeit zu ermöglichen. Es mag sein, daß der »Weltplan« sich seiner bedient, um diesen Zweck zu erreichen. Aber in seiner eigenen Struktur ist das nicht als notwendig vorgezeichnet.

§ 5. Der Staat als Träger des historischen Geschehens

Im Zusammenhang mit dieser Frage taucht eine andere auf. In seiner Eigenschaft als Instrument der Sittlichkeit und Freiheit ist – nach Johann Gottlieb Fichte und Georg Wilhelm Friedrich Hegel – der Staat der *Träger des historischen Geschehens*. Denn der Inhalt der Geschichte besteht für sie gerade in der Verwirklichung der sittlichen Idee. Diese Auffassung ist noch nicht widerlegt, wenn wir prinzipiell nicht anerkennen können, daß es der Sinn des Staates ist, die Freiheit des einzelnen zu schützen, und ebenso wenig, daß die Freiheit des einzelnen auf den Staat angewiesen ist. Zunächst wäre zu fragen, wie wir uns zu solcher Bestimmung des Inhalts der Geschichte stellen sollen. Es ist sicherlich richtig, die Geschichte als einen geistigen Entfaltungsprozeß aufzufassen. Aber was sich da entfaltet, das kann nicht »die Freiheit« sein. Denn Freiheit in dem strengen Sinn, auf den wir das Wort festgelegt haben, ist nichts, was sich entfalten oder entwickeln kann. Sie kann nur dasein oder nicht dasein, und es kann im einzelnen Fall einen Moment geben, in dem sie anfängt zu sein. Nur in einem uneigentlichen Sinn kann von einer Entwicklung der Freiheit die Rede sein, sofern es nämlich möglich ist, daß sie gegenüber dem bloßen Getriebenwerden fortschreitend zur Herrschaft gelangt. Dann ist das, was sich entwickelt, nicht die Freiheit, sondern ihr Träger: die einzelne Person oder die Personengemeinschaft. In dieser Richtung geht Hegel, wenn er von einer Entwicklung des Geistes zum Bewußtsein seiner Freiheit spricht. Ob dies rein formale Moment, daß »der Geist« schlechthin oder daß die Person sich selbst in die Hand bekommen soll, zur Bestimmung des Inhalts der Geschichte ausreicht, das lassen wir vorläufig dahingestellt. Auf alle Fälle bedarf es, um von hier aus zu einer Einbeziehung des Staates zu kommen, eines Zwischengliedes, das sich bei Fichte findet: daß das Erwachen des Einzelnen zur Freiheit nur in der Gemeinschaft, nicht für den isolierten Menschen möglich ist. Als prinzipielle Notwendigkeit ist auch das wiederum nicht einzusehen. Es bedarf für jeden nur einer Besinnung auf sich selbst, um in den Besitz seiner Freiheit zu gelangen, die in ihm ist und nur ergriffen zu werden braucht. Warum das nur angesichts freier Personen möglich sein soll und nicht etwa im Umgang mit totem Material, das ist rational nicht zu begreifen, wenn es auch faktisch zweifellos so ist. So wäre die Gemeinschaft erforderlich, damit das Individuum zur Freiheit erwachen könne, der Staat aber, damit diese Möglichkeit zur Wirklichkeit werde und nicht die Bedrohung durch andere Individuen es am Gebrauch seiner Freiheit hindere.

Daß faktisch ein solcher Zusammenhang besteht, wollten wir nicht bestreiten. Aber daß damit der Inhalt der Geschichte, der »Zweck« des Staates und seine Bedeutung für die Geschichte umschrieben sei, das können wir nicht zugeben. Als Bindeglied wird hier eine nähere Erörterung dessen, was unter der »sittlichen Idee« zu verstehen ist, erforderlich. Sie ist mit der Freiheit keineswegs gleichbedeutend. Die freie Entscheidung ist zwar sittlich relevant, aber noch nicht als positiv- oder negativ-wertig charakterisiert. Diese Polarität gehört aber zum sittlichen wie zu jedem Wert, und die Entscheidung darüber hängt nicht an der Freiheit, sondern an den Motiven, auf denen sie sich aufbaut, und an dem, was mit Freiheit ergriffen wird: ob es selbst etwas Wertvolles ist oder nicht. So ist man, gerade wenn man die Geschichte mit der »sittlichen Idee« in Verbindung bringt, genötigt, die *materialen Werte* heranzuziehen. Entwicklung zur Sittlichkeit würde demnach nicht nur sagen: Erwachen zur Freiheit, sondern Ausbildung der Empfänglichkeit für Werte aller Art und Fortschreiten im Gebrauch der Freiheit zur Realisierung von Werten. Als Inhalt der Geschichte stellt sich damit das Schaffen von Kultur heraus, ein Ergebnis, zu dem man auch gelangt, wenn man den Strom des Geschehens selbst ins Auge faßt und nicht von einem gedachten Zielpunkt ausgeht. Und ein solcher Zielpunkt kann überhaupt für eine geschichtsphilosophische Betrachtung nur von Bedeutung sein, sofern er einer Tendenz entspricht, die man dem historischen Geschehen abgelauscht hat:

Faßt man Geschichte als den Verlauf des geistigen Lebens, in dem »Kulturen« erwachsen, so erscheinen die Zusammenhänge zwischen Geschichte, Gemeinschaft und Staat in einem neuen Licht. Denken wir an die früheren Ausführungen über das Volk als »kulturschaffende Persönlichkeit« und sein Verlangen nach staatlicher Organisation zurück, so löst sich die individualistisch orientierte Spekulation über den Zweck des Staates und den Inhalt der Geschichte auf. Welche Rolle das Individuum in der Geschichte spielt und welche Bedeutung umgekehrt die Geschichte für das Individuum hat – das sind weitere Fragen, die wir hier zurückstellen müssen. Zunächst ist es als ein Vorurteil abzuweisen, daß der Sinn der Geschichte vom Individuum her begriffen werden müsse.

Mit der Aufdeckung des Zusammenhangs von Staat und Kultur wird der Rangstreit zwischen politischer und Kulturgeschichte hinfällig, der in den letzten Jahrzehnten die Historiker bewegt hat. Eine Geschichtsschreibung, die von der Kulturentfaltung absieht, ist ebenso wenig möglich wie eine, die die Staaten außer acht läßt. Eine gewisse Vorherrschaft des Staatlichen im praktischen Geschichtsbetrieb ist dadurch verständlich zu machen und auch zu rechtfertigen, daß die Staaten nicht nur geschichtliche Gebilde neben anderen sind, sondern zugleich die Orientierungspunkte, die es einem möglich machen, sich durch die ganze Mannigfaltigkeit der historischen Erscheinungen hindurchzufinden. Weil sie Zentren sind, durch die ein Gebiet (und zwar als *geistige* Sphäre verstanden, nicht nur als Land) bestimmt abgegrenzt und greifbar wird, ist es das Gegebene, bei ihnen anzufangen, wenn man den Strom des geistigen Geschehens – auch nur streckenweise – überschauen will. Dazu kommt, daß Entstehung und Untergang eines Staates und jeder Einschnitt in seinen Werdegang zugleich Index ist für eine Epoche im Kulturleben. Wenn ein neuer Staat entsteht, so ist das entweder ein Zeichen dafür, daß ein in sich geschlossenes Kulturgebiet sich seine äußere Form gegeben hat, und weist dann rückwärts auf die Kulturentwicklung, die zu diesem Abschluß hingedrängt hat, andererseits läßt er aufmerken auf die Folgen, die dieses Ereignis für die weitere Entwicklung zeitigen wird. Oder es zeigt die Zerreißung eines bisher einheitlichen Kulturgebiets an bzw. die Zusammenschweißung differenter Kulturgebiete – dann ist der Entwicklung nachzuspüren, die solchen äußeren Eingriff möglich machte, und den Einflüssen, die von diesem Eingriff ausgehen. Eine historische Darstellung, die von diesen Zusammenhängen absähe, und sich mit den Ereignissen der Staatenbildung rein als solcher begnügte, hätte nur die Bedeutung eines Bausteins und könnte nicht den Wert einer »abschließenden« Leistung beanspruchen, d. h. einer solchen, die wenigstens der Idee nach an einem Punkte den Sinn des historischen Geschehens ausgeschöpft hätte.

Wir kehren nun zurück zu der Frage nach der historischen Bedeutsamkeit des Staates. Weder durch die Betrachtung des historischen Geschehens als solchen, noch durch die Betrachtung des Staates kann es einsichtig gemacht werden, daß der Staat als ein Instrument zur Herbeiführung eines Endziels der Geschichte aufzufassen sei. Seiner Idee nach hat der Staat nichts mit der Geschichte zu tun. Das heißt, es gehört nicht zu seiner Idee, ein historischer Faktor zu sein. Es ist ein von allen Bezügen auf den geschichtlichen Zusammenhang losgelöster Staat denkbar. Auf der andern Seite ist die Geschichte nicht prinzipiell auf den Staat angewiesen. Es ist ein historisches Geschehen denkbar, in dem kein Staat eine Rolle spielte, das nur von Individuen und Gemeinschaften ohne staatliche Organisation getragen würde. Diese prinzipielle Trennbarkeit ändert nichts daran, daß der Staat auf Grund dessen, was er seiner Idee nach ist, sehr wohl befähigt ist, Träger des historischen Geschehens zu sein: dadurch, daß er die Freiheit hat, alles geistige Leben seiner Leitung zu unterwerfen, tritt er zu allem, was historisch relevant ist, in Beziehung und gewinnt für alles Bedeutung. Und so ist er faktisch in der Geschichte von solcher Wichtigkeit, daß man – wie wir früher ausführten – ihrer in der wissenschaftlichen Bearbeitung am leichtesten Herr werden kann, wenn man sie als Staatengeschichte behandelt. Auf der anderen Seite ist festzustellen, daß die empirischen Staaten ihrer faktischen Entstehung nach historische Gebilde sind, aus dem Strom des geschichtlichen Werdens hervorwachsend, wie sie in ihm stehen und als Wirkungszentren hervortreten. Als solches Wirkungszentrum macht der Staat in weitem Umfang das möglich, was wir als den Sinn der Geschichte bezeichnet haben: die Realisierung von Werten. Aber – wie bereits ausgeführt – ist er dank seiner ontischen Struktur nur befähigt das zu leisten, es ist in dieser Struktur nicht als notwendig mit eingeschlossen, daß er es tun muß.

§ 6. Staat und Religion

Unter diesem Gesichtspunkt haben wir auch ein Problem ins Auge zu fassen, das wir bisher nicht berührt haben: das Verhältnis von Staat und religiöser Sphäre. Der absolute Vorrang der religiösen Sphäre vor allen anderen und der dadurch geforderte absolute Gehorsam gegen Gottes Gebot sind allem Anschein nach unverträglich mit dem bedingungslosen Gehorsam, den der Staat für seine Befehle in Anspruch nimmt. Jeder Mensch untersteht zunächst und vor allem dem höchsten Herrscher, und daran kann kein irdisches Herrschaftsverhältnis etwas ändern. Wenn der Gläubige einen Befehl von Gott empfängt – sei es unmittelbar im Gebet, sei es durch Vermittlung seiner Stellvertreter auf Erden –, so muß er gehorchen, gleichgültig, ob er damit dem Willen des Staates zuwiderhandelt oder nicht. Wir stehen hier vor zwei Herrschaftsansprüchen, die sich in ihrer Absolutheit gegenseitig ausschließen. Es ist darum wohl verständlich, wenn der Staat den einzelnen Gläubigen, vor allem aber der sichtbaren und permanenten Verkörperung jenes seine Souveränität durchbrechenden Herrschaftsanspruchs – der Kirche – mit Mißtrauen und gegebenenfalls mit offener Feindseligkeit begegnet. Andererseits kann man es verstehen, daß unter den Gläubigen immer wieder die Auffassung vom Staat als Antichrist auftauchte. Eine prinzipielle Lösung des in der Eigenart von staatlicher und religiöser Sphäre begründeten Konflikts gibt es nicht. Es ist nur ein faktischer Ausgleich möglich. Von der einen Seite ist er hergestellt durch das Wort des Herrn: Gebet dem Kaiser, was des Kaisers ist {{Mt 22, 21}}. Damit ist der Staat und der Gehorsam gegen ihn als von Gott gewollt oder mindestens als von Gott zugelassen gekennzeichnet. Allerdings ist es nur eine bedingte Anerkennung der staatlichen Souveränität – sie setzt voraus, daß der Staat es nicht ausschließt, Gott zu geben, was Gottes ist. Nimmt er das von sich aus in die Normierung seines Lebens auf, so ist die Basis für ein faktisches reibungsloses Nebeneinanderbestehen des souveränen Staates und der religiösen Sphäre bzw. der Kirche gegeben.

Dieser Ausgleich ist in verschiedenen konkreten Formen denkbar. Vor allem ist hier die Form zu erwägen, die man als *Theokratie* bezeichnet. Die Auffassung der Gläubigen in einem theokratisch geordneten Staatswesen betrachtet die Staatsordnung als göttliche Einrichtung. Wenn ein Volk sein ganzes Leben im Angesicht Gottes lebt, wenn es ängstlich bemüht ist, sich in jedem Schritt durch Seinen Willen leiten zu lassen, und glaubt, daß ihm dieser Wille durch den Mund seiner Priester kund wird – dann ist es nur selbstverständlich, daß es auch seinen Staat nach den Anweisungen göttlicher Willenskundgebungen einzurichten sucht und die Priester entweder geradezu als Inhaber der Staatsgewalt anerkennt oder ihnen doch in irgendeiner Form einen Anteil an der Leitung des Staates einräumt. Der Staat ist damit in keiner Weise ausgezeichnet vor irgendwelchen andern Lebensformen. Ehe und Familienleben, das Verhältnis zum Gesinde, zu lebendem und totem Besitz, die Sorge für die Befriedigung der primitiven Lebensbedürfnisse – das alles untersteht göttlichem Gesetz. Nur in dem Sinn könnte von einer ausgezeichneten Stellung des Staates gesprochen werden, daß der göttliche Weltherrscher den Staat als Instrument benutzte, mittels dessen er die darin zusammengefaßte Gemeinschaft und die zugehörigen Individuen dirigierte. Man wird vielleicht nicht ohne weiteres zugeben, daß in diesem Fall die Form des Staates noch gewahrt sei. Offenbar werde ja dieses Gebilde nicht durch sich selbst regiert, sondern durch eine außenstehende Macht. Diese Auffassung wird aber der Sachlage nicht gerecht. Indem Gott sich ein Volk als seine Herrschaftssphäre auswählt und ihm eine staatliche Organisation verleiht, begründet er einen Staat, dessen Wille nicht von seinem eigenen unterschieden ist. Man könnte sagen, daß Er selbst in diesem Staat das Regiment führe. Freilich nicht wie ein irdischer Herrscher, der den Staat vertritt und dessen Intentionen ausführt. Sondern der Staat selbst muß so gedacht werden, daß seine Akte, ohne sich nach göttlichen Befehlen zu richten, doch stets im Einklang mit dem göttlichen Willen stehen. Gott gibt – im Sinn dieser Auffassung – dem Volk Seiner Wahl einen Staat, der in Seinem Geist befiehlt und bestimmt, so daß die Vertreter des Staates zugleich als Vollstrecker des göttlichen Willens anzusehen sind. Wenn die Erfüllung des göttlichen Willens das ist, was seine Existenz möglich macht, so schreibt es ihm sein eigener Sinn vor, seine Gesetze und seine Handlungen mit diesen

Geboten in Übereinstimmung zu bringen. Die göttliche Herrschaft und die Souveränität des Staates stehen dann in keinem Gegensatz zueinander.

Wir haben die Theokratie als *eine mögliche* Staatsform bezeichnet. Gebietet aber nicht die Idee des göttlichen Weltregiments, *jeglichen* Staat so aufzufassen? Zwingt sie nicht dazu, jeden irdischen Inhaber einer Staatsgewalt nur als Stellvertreter des höchsten Herrschers anzusehen? Wäre es so, dann bliebe es doch immer nur ein *Faktum*, an das die Idee des Staates nicht gebunden ist. Nur aus der Idee des göttlichen Weltregiments, nicht aus der Struktur des Staates wäre es begreiflich zu machen. Denn wenn nichts in der Welt geschehen kann ohne göttliches Plazet, dann ist auch eine weltliche Herrschaft unabhängig von Ihm undenkbar. Wir kämen somit zu dem wunderbaren Ergebnis, daß der Staat, der seiner Idee nach durch die religiöse Sphäre in seiner Existenz bedroht scheint, in der Realität gerade nur getragen von dieser Sphäre existieren kann. Welche Form die Staaten danach haben müßten, ob nur *ein* Inhaber der Staatsgewalt möglich sei oder mehrere und wie die Verteilung ihrer Funktionen vorzunehmen sei, darüber ist wiederum aus der Idee der Theokratie nichts zu entnehmen. Im Gegenteil, es müßte gerade von dem soeben gekennzeichneten Standpunkt aus jede empirisch aufzuweisende Staatsform als gottgewollt hingenommen werden.

Nimmt man dagegen an, daß das System der irdischen Staaten kraft eigenen Rechts besteht (was ebenfalls nur als Faktum und nicht als Notwendigkeit zu erweisen wäre), so ergibt sich eine mögliche Diskrepanz zwischen staatlichem und göttlichem Gebot, die bei der anderen Auffassung gar nicht in Betracht kommt, und es erwachsen neue Probleme hinsichtlich der möglichen Beziehungen zwischen beiden. Es besteht zunächst – ebenso wie bei jeder anderen Wertsphäre – für das Individuum die Möglichkeit eines Konflikts zwischen dem, was der Staat von ihm verlangt, und dem, was ihm als der Wille Gottes gilt. Entscheidet der Einzelne, der in einen solchen Konflikt gerät – wie es zweifellos der Rangordnung der Werte entspricht –, im Sinne seiner religiösen Überzeugung, so handelt er damit als Staatsfeind: indem er sich dem Gebot des Staates versagt, rüttelt er an dessen Existenz. Und nun ist die Frage, wie der Staat sich dazu stellen soll. Es sind dabei verschiedene Gesichtspunkte zu berücksichtigen. Ganz allgemein kann es als ein Gebot der Klugheit bezeichnet werden, den Bürgern nichts vorzuschreiben, wogegen sich mächtige Motive in ihnen auflehnen. Da nach früheren Darlegungen die Existenz des Staates davon abhängt, ob seine »Bestimmungen« befolgt werden, muß er es nach Möglichkeit vermeiden, diesen Bestimmungen einen Inhalt zu geben, der heftige Widerstände zu erregen geeignet ist. Offenbar gibt es für diese Selbstbeschränkung Grenzen. Die Lebensinteressen des Staates können es gerade erforderlich machen, daß er seinen Bürgern die härtesten Zumutungen stellen muß. In solcher Zwickmühle, wo seine Existenz von zwei Seiten bedroht ist, kommt es auf eine Wahrscheinlichkeitsbetrachtung an, wo die größere Gefahr liegt, und letztlich auf die Probe, ob er sich so oder so doch noch durchschlagen kann. Von solchen Fällen abgesehen aber ist es ein staatsfeindliches Verhalten der Staatsleiter selbst, wenn sie sich durch den Inhalt ihrer Bestimmungen die Kräfte, die sie sich zu Verbündeten machen müßten – die seelischen Antriebe der Individuen –, zu Feinden machen.

Von diesem Gebot der Klugheit abgesehen kommt es für das Verhalten des Staates einem Bürger gegenüber, der ihm aus religiösen Gründen den Gehorsam versagt, als mögliche Richtschnur in Betracht, ob die Vertreter des Staates den Konflikt als in sich berechtigt anerkennen können oder nicht. Kommen die verantwortlichen Personen bei verständnisvoller Prüfung der ausschlaggebenden Motive zu dem Ergebnis, daß es sich um eine Verirrung des religiösen Gefühls handelt, so könnte man meinen, daß sie das Recht hätten, ohne Rücksicht darauf ihr Gebot aufrecht zu erhalten. Doch das wäre (auch abgesehen von der Klugheitsregel, die ja ganz unabhängig von der Berechtigung der vorhandenen Motive besteht) nicht die richtige Lösung. Oder doch höchstens in einer ganz besonderen Zwangslage. Das Problem, vor dem wir jetzt stehen, ist ein rein ethisches und läßt sich auf eine allgemeine Form bringen. Verdient im Verhalten einer Person gegenüber auch ein *vermeintlicher* Wert, der durch dieses Verhalten bedroht erscheint, Berücksichtigung? Man muß sich, um die richtige Antwort zu finden, klar machen, daß mit diesem vermeintlichen Wert wahrhaft bestehende Werte bzw. Unwerte in Verbindung stehen können. Der Entscheidung zugunsten eines niederen Wertes haftet allemal ein Unwert an, auch dann, wenn der Wert, der ihm geopfert wird, nur *vermeintlich* höher ist. Und wenn jemand durch staatliche Zwangsgewalt zu einer solchen negativ-wertigen Entscheidung verleitet wird, so ist auch die Anwendung der staatlichen Zwangsgewalt als negativ-wertig anzusehen. Es ist übrigens keineswegs gesagt, daß immer im Sinn dieses Gesichtspunktes entschieden werden muß. Im Konfliktsfall kann es notwendig werden, ihn wiederum zurückzustellen. Allgemein zu fordern ist nur, daß er bei der ethischen Erwägung mit in Betracht gezogen wird. Zweifellos ethisch einwandfrei wäre das Verhalten des Staates dann, wenn es ihm gelänge, die vorausgesetzte Werttäuschung aufzuheben und damit den Konflikt im Innern des Individuums zur Lösung zu bringen. Vermag er das nicht, so ist ein möglicher Ausweg der, die Individuen, bei denen solche Motive vorliegen, von der Erfüllung der betreffenden Gebote zu dispensieren. Ein solcher Dispens ist eine jener Selbsteinschränkungen des Staates, von denen mehrfach die Rede war: durch ihn wird einer Verletzung der Souveränität durch Ungehorsam der Bürger vorgebeugt. Wächst allerdings die Zahl dieser Selbsteinschränkungen der Staatsgewalt so an, daß der Staat nicht mehr erlangen kann, was zu seiner Erhaltung nötig ist, so kommen sie einer Selbstauflösung gleich. Ob das Pflicht ist, das läßt sich nicht allgemein, sondern nur von Fall zu Fall entscheiden. Allerdings wird man sagen können: ein Staat, in dem eine solche Kluft zwischen Regierenden und Regierten besteht, daß diese alle Anforderungen, die im Interesse des Staates an sie gestellt werden, als eine Zumutung betrachten, deren Erfüllung sie mit ihrem Gewissen nicht vereinen können – ein solcher Staat hätte die Grundlage seiner Existenz bereits verloren und keine Zwangsgewalt könnte sie wiederherstellen.

Wie aber, wenn es sich nicht um einen vermeintlichen Wert handelt, sondern um einen wahrhaft bestehenden oder doch um einen, der auch von der Staatsgewalt nicht in Zweifel gezogen wird? Dann steht man offenbar nicht mehr vor der Frage, einzelne Bürger vor einem Konflikt zu bewahren, indem man sie von einem Gebot dispensiert, sondern davor, ob es dem Staat erlaubt ist, ein Gebot zu erlassen, das mit von ihm selbst (d. h. von seinen Vertretern) anerkannten religiösen Werten kollidiert. Ein staatliches Gesetz, das den Gottesdienst beschränkte oder die Geistlichen in ihrer Seelsorgetätigkeit behinderte, wäre zweifellos verwerflich und der Staat, der es ergehen ließe, mit einem Makel behaftet. Und diese Forderung nach Berücksichtigung der religiösen Werte durch den Staat tritt auch dann nicht außer Kraft, wenn dadurch Lebensinteressen des Staates gefährdet erscheinen. Wie für den Einzelnen in solchem Fall nichts übrig bleibt als sein Leben in Gottes Hand zu stellen, so kann es auch dem Staat nicht als sittliches Recht zugestanden werden, sich im Kampf gegen religiöse Werte zu behaupten. (Daß er selbst seinem eigenen Sinne nach kein Verhältnis zur religiösen Sphäre hat, und daß der ethische Konflikt als solcher sich in der Seele seiner Vertreter abspielt, ändert daran nichts.)

Bisher haben wir nur die Möglichkeit eines störenden Eingreifens des Staates in das religiöse Leben erwogen. Außerdem ist zu fragen, ob es als seine Pflicht bezeichnet werden kann, das religiöse Leben positiv zu fördern. Die Möglichkeiten für solche positive Förderung sind ja beschränkt. Denn das religiöse Leben spielt sich in einer Sphäre ab, in der durch Gesetz und willkürliches Zugreifen überhaupt nichts geschaffen und nichts vernichtet werden kann. Doch kann das Gesetz, das selbst hier nicht schöpferisch ist, schöpferische Kräfte freimachen oder in ihrer Entfaltung hemmen. Indem man Einrichtungen trifft, die gewissen Individuen erst die Möglichkeit eröffnen, mit der religiösen Sphäre in Berührung zu kommen, schafft man »Gelegenheiten« für die Entzündung neuen religiösen Lebens, die man selbst nicht in der Hand hat. Sofern der Staat in der Lage ist, solche Dienste zu leisten, kann es ihm in der früher geschilderten Weise durch seine Organe nahe gebracht werden. Der Wert, der dieser dienenden Wirksamkeit anhaftet, ist ein mittelbarer. Die Frage, ob der Staat Träger eigener religiöser Werte sein kann, ist nach den vorausgehenden Untersuchungen negativ zu beantworten. Denn die religiösen Werte gehören einer personalen Sphäre an, die dem Staat fehlt. An früherer Stelle sagten wir schon einmal, der Staat habe keine Seele. Und zwar darum, weil er nicht in der Seele der Personen verankert ist, die ihm angehören. Das darf nicht mißverstanden werden. Es gibt eine Hingabe an den Staat, die Sache der Seele ist. Und ebenso sind es alle anderen Motive, die den einzelnen treiben, den Staat »anzuerkennen« oder sich ihm zu versagen. Aber diese Motive bilden, wie immer wieder betont wurde, nur das Fundament, auf das die Existenz des Staates angewiesen ist. Sie sind gleichgültig für das, was der Staat als solcher ist. Denn das liegt ganz und gar in der Sphäre der Freiheit. Die Person spielt darin nur qua freies Subjekt eine Rolle, und nicht qua seelisches Wesen. Darum kann der Einzelne, der im Staate lebt, heilig oder unheilig sein und auch die Volksgemeinschaft, deren Leben er regelt, nicht aber er selbst.